Francisco de Rojas Zorrilla

El caín de Cataluña

Barcelona **2024**
Linkgua-ediciones.com

Créditos

Título original: El caín de Cataluña.

© 2024, Red ediciones S.L.

e-mail: info@linkgua.com

Diseño de cubierta: Michel Mallard.

ISBN rústica: 978-84-9816-220-2.
ISBN ebook: 978-84-9897-194-1.

Cualquier forma de reproducción, distribución, comunicación pública o transformación de esta obra solo puede ser realizada con la autorización de sus titulares, salvo excepción prevista por la ley. Diríjase a CEDRO (Centro Español de Derechos Reprográficos, www.cedro.org) si necesita fotocopiar, escanear o hacer copias digitales de algún fragmento de esta obra.

Sumario

Créditos _____ 4

Brevísima presentación _____ 7
   La vida _____ 7
   Los celos _____ 7

Personajes _____ 8

Jornada primera _____ 9

Jornada segunda _____ 63

Jornada tercera _____ 119

Libros a la carta _____ 161

Brevísima presentación

La vida
Francisco de Rojas Zorrilla (Toledo, 1607-Madrid, 1648). España.
Hijo de un militar toledano de origen judío, nació el 4 de octubre de 1607. Estudió en Salamanca y luego se trasladó a Madrid, donde vivió el resto de su vida. Fue uno de los poetas preferidos de la corte de Felipe IV. En 1645 obtuvo, por intervención del rey, el hábito de Santiago.
Empezó a escribir en 1632, junto a Pérez Montalbán y Calderón de la Barca, la tragedia *El monstruo de la fortuna*. Más tarde colaboró también con Vélez de Guevara, Mira de Amescua y otros autores.
Felipe IV protegió a Rojas y pronto las comedias de éste fueron a palacio; su sátira contra sus colegas fue tan dura al parecer que alguno de los ofendidos o algún matón a sueldo le dio varias cuchilladas que casi lo matan. En 1640, y para el estreno de un nuevo teatro construido con todo lujo, compuso por encargo la comedia *Los bandos de Verona*. El monarca, satisfecho con el dramaturgo, se empeñó en concederle el hábito de Santiago: las primeras informaciones no probaron ni su hidalguía ni su limpieza de sangre, antes bien, la empañaron; pero una segunda investigación que tuvo por escribano a Quevedo, mereció el placer y fue confirmado en el hábito (1643). En 1644, desolado el monarca por la muerte de su esposa Isabel de Borbón y poco más tarde por la de su hijo, ordenó clausurar los tablados, que no se abrirán ya en vida de Rojas Zorrilla, muerto en Madrid el 23 de enero de 1648.

Los celos
El *Caín de Cataluña* escenifica el tema de la competencia y celos entre hermanos. Relata los acontecimientos que provocaron el fratricidio de Ramón Berenguer, hijo del Conde de Barcelona.
Si bien uno de los motivos de celos es el de la primogenitura, Berenguer, el segundo hijo del Conde, no envidia la posición privilegiada de su hermano Ramón sino el afecto que éste recibe. Esta situación, y las locuras con las que manifiesta su desazón al principio de la obra recuerdan al Hamlet de Shakespeare.

Personajes

Berenguel
Ramón
El Marqués
Constanza
Leonor
Rufina
Cardona
Camacho
Un Picador
Conde de Barcelona

Jornada primera

(Salen Camacho y Cardona.)

Camacho   Deshonra buenos, bergante,
                ¿Sabes lo que es ser bufón?
                una antigua posesión
                tan honrada y importante,
                echa a perder este día.

Cardona   Hombre, ¿quiéresme dejar?
                ¿Dime en qué?

Camacho   En dejarte echar
                melecinas de agua fría
                por un treintin.

Cardona   Hago bien,
                de su ignorancia me río;
                si usted no fuera tan frío
                se las echaran también.

Camacho   ¡Que una melecina pruebe,
                del interés obligado,
                de agua fría a un hombre honrado!

Cardona   ¿Qué importa si era de nieve?
                ¡En mandándolo un señor,
                que reciba sin temores
                una ayuda así!

Cardona   Peores
                son las que manda el dotor.

Camacho	Pero ¿cuál quedará luego?
Cardona	Fresco.
Camacho	¿Y la jeringa, di, es muy pequeña?
Cardona	Eso sí, de estas de matar el fuego.
Camacho	¿A mi oficio este baldón? a azotes le he de matar.
Cardona	Si, usasted ha de llorar, ¿Cómo quiere ser bufón?
Camacho	¿Pues no soy yo en Barcelona...
Cardona	¿Qué es?
Camacho	Del hijo más querido del Conde, el entretenido acerca de su persona? ¡Con qué estilo cortesano bufo con este y aquel!
Cardona	Mírenle, Camacho, él es aloja de verano.
Camacho	Mientes.
Cardona	Digo que es frión.
Camacho	¿Esto se me ha de decir?

                        ¿Frío yo, y he hecho reír
                        a un juez de comisión?

Cardona   Oye, pues, ¿eso qué es?

Camacho   ¿Hay mayor blasón?

Cardona   Mayor:
                        yo he hecho reír a un regidor

Camacho   Poco es eso.

Cardona   Era del mes.

Camacho   Eso es más; mas di, ¿de dónde
                        (porque te alabe mejor)
                        era el seor Corregidor?

Cardona   De Zamora. ¡El Conde, el Conde!

(Salen el Conde y el Marqués.)

Conde   La gota me trae rendido,
                        mucho es lo que me ha apretado.
                        Marqués, ¿habeisme llamado
                        a Berenguel?

Marqués   He temido
                        su condición desigual,
                        conmigo cruel también,
                        pues porque me quieres bien
                        ha dado en quererme mal:
                        y no he de darle ocasión,
                        sabiendo que es mi enemigo,

| | hablándole, a que conmigo
use de su condición;
y como tanto aborrece
su hermano, y sabe que soy
su amigo temiendo estoy
que su indignación empiece
por mi modestia primero,
cuando sabe Barcelona... |
|----------|---|
| Conde | Yo estimo vuestra persona,
como es razón; y no quiero
que su ira o su crueldad
motivo a enojarse dé;
no puedo tenerme en pie,
una silla me llegad.
ah, Cardonilla, ¿acá estás? |
| Cardona | Que verte con salud quiero. |
| Conde | Mientras este hijo viviere
no tendré salud jamás. |
| Cardona | Señor, ahora es muchacho,
él asentará mañana. |
Conde	Hoy es día de terciana.
Cardona	¿A qué hora te da el Camacho?
Conde	Di, ¿qué es el Camacho?
Cardona	El frío.
Camacho	Mientes, Cardonilla.

Conde	Cierto, que contigo me divierto, y algunas veces me río.
Cardona	Ve que hago reír al Conde.
Camacho	Y con frialdades, ¿no añades?
Cardona	Mire usted, las frialdades las echo ya sabe donde.
Conde	¿Habéis visto a Berenguel?
Camacho (Aparte.)	Vengaréme del traidor.
Cardona	Esta mañana, Señor, salí en el coche con él
Conde	¿Y hoy qué ha hecho?
Cardona	Lo primero, porque el barbero tardó, delante dél me mandó que yo afeitase al barbero; pero ya todos proponen no afeitarle en muchos días.
Conde	Bueno al barbero pondrías.
Cardona	Púsele como ellos ponen. por ver si era menester vino un doctor, y él mejor: —Vuélvase, dijo al doctor,

　　　　　　　　　　y éntreme la mula a ver;
　　　　　　　　　　pasóse a conversación
　　　　　　　　　　con dos sugetos extraños
　　　　　　　　　　en un cuarto

Conde　　　　　　　　　　¿Cuáles son?
　　　　　　　　　　Dímelos.

Cardona　　　　　　　　　Si te los cuento,
　　　　　　　　　　que te has de reír no dudo,
　　　　　　　　　　porque un hablador y un mudo
　　　　　　　　　　tienen un mismo aposento,
　　　　　　　　　　y esta letra alrededor,
　　　　　　　　　　esto no se puede errar,
　　　　　　　　　　este mudo sabe hablar,
　　　　　　　　　　y callar este hablador.
　　　　　　　　　　por la casa en cuerpo andaba
　　　　　　　　　　y hacia el zaguán se salió,
　　　　　　　　　　y porque no se paró
　　　　　　　　　　mi coche cuando pasaba,
　　　　　　　　　　veinte y cinco con su azote
　　　　　　　　　　al cochero le hizo dar,
　　　　　　　　　　desde el globo circular
　　　　　　　　　　a las líneas del cogote.
　　　　　　　　　　decía el cochero primero:
　　　　　　　　　　—¿En qué ha errado quien no vio?
　　　　　　　　　　Y a eso le respondió:
　　　　　　　　　　—Pues déntelos por cochero.
　　　　　　　　　　Porque vio, cuando llegaba,
　　　　　　　　　　dos gabachos que allí había,
　　　　　　　　　　que uno cuchillos vendía,
　　　　　　　　　　y el otro los amolaba,
　　　　　　　　　　dijo: ¡Que ninguno entienda
　　　　　　　　　　treta tan fácil de ver!

	Este los echa a perder para que el otro los venda; pero una sentencia pía dio al amolador primero.
Conde	¿Qué es?
Cardona	Que amuele al compañero los cuchillos que vendía. cosas, vive Dios, intenta, que no hay quien no las repruebe.
Camacho	¿Pues la jeringa de nieve que lo hizo echar no la cuenta?
Conde	¿Cómo eso no lo dijiste?
Cardona	¿Cómo te lo he de contar si yo no me la vi echar?
Conde	Sí, pero ¿no la sentiste?
Cardona	Sí la sentí, es evidente.
Conde	Pues ¿cómo no lo has contado?
Cardona	Señor, Porque un hombre honrado ha de callar lo que siente.
Conde	Eso deseo saber.
Cardona	Pregunta.
Conde	Dime esto ahora,

| | ¿Quiere mucho a la señora |
| | Doña Leonor, su mujer? |

Cardona   Sí, Señor.

Camacho   Miente, Señor.

Cardona   Callar es más acertado.

Camacho   Hermano, grave y callado,
            ¿Sois bufón o senador?
            Aunque ella no lo merece,
            mas dice que la aborrece
            por propia y no por mujer;
            y luego una riña entabla
            sin por qué ni para qué
            a su hermano no lo ve,
            y si te ve, no le habla.

Conde   Tomar en esto la mano,
            Marqués amigo, quisiera.

Cardona   Él quiere de una manera
            a su mujer y su hermano,
            y hoy...

(Sale un Picador huyendo de Berenguel.)

Picador   El sagrado me valga
            del Conde.

Berenguel   Viven los cielos,
            que has de morir a mis manos.

Conde	Hijo Berenguel, ¿qué es eso? detente.
Berenguel	A no ser mi padre el que os defiende...
Conde	¿Qué ha hecho?
Cardona	Tiene razón mi señor Don Berenguel, y es muy bueno que una sabandija dé ocasión a estos empeños; y merecía...
Conde	Cardona, ¿Qué hizo el picador?
Cardona	¿Yo sélo?
Picador	Señor, porque fui a hacer mal al Tordillo.
Cardona	¿Qué os ha echo el tordillo que te habéis hecho mal sin merecerlo?
Berenguel	Yo os lo contaré: mandéle, que en un tordillo que tengo saliese a hacer cuatro tornos a ese zaguán, y sabiendo lo que yo quiero el caballo, viene diciendo que es lerdo, que no pisa, que no corre, y que es mejor el overo

	de mi hermano, y vive Dios,
	que a no estar vos de por medio...
Conde	¡Hijo!
Cardona	Dice bien mi amo,
	que el overo es mi camello
	con una cuarta de cola
	y seis varas de pescuezo,
	y tiene un cuarto y vejigas,
	y es muy angosto de pechos;
	flaco que pica en sardina,
	y bizco que frisa en tuerto.
Picador	Yo he criado este caballo,
	y es un caballo bien hecho,
	de buena boca y de brazos,
	y que puede el Conde mesmo
	ponerse en él.
Berenguel	Vos mentís.
Cardona	Hombre, ¿quién te mete en eso?
	¿Es el overo tu padre?
	A un señor, ¿para qué efeto
	dices mal de su caballo,
	y le alabas el ajeno?
Conde	Ea, vaya el picador.
Berenguel	Vaya, pues vos gustáis dello.
Cardona	Ea, pique.

Picador	Una palabra, Cardonilla.
Cardona	¿Qué tenemos?
Picador	¿Entiendo yo de caballos?
Cardona	¿Todavía? sí por cierto.
Picador	Pues no es tan bueno el tordillo.
Cardona	Picador de los infiernos, ¿Caballo que bebe y come me dices que no está bueno?
Picador	Y no vale veinte reales.
Cardona	Aquí de Dios, ¿no pondremos en razón los picadores?
Picador	Y no es caballo de hueso.
Cardona	Ya escampa.
Picador	Y no os corredor.
Cardona	Hermano, así será bueno para la guerra.
Picador	Y se rasca.
Cardona	Le comerá.
Picador	Y le da muermo.

Cardona	Tengas en la lengua.
Picador	Y...
Cardona	Señor, este está diciendo
mal del Tordillo.
Picador
(Vase.)	Ya escampa.
Ya me quiero ir.
Cardona	Laus Deo;
si no le aviso se pone
sobre mí.
Conde	Llámame luego
a mi hijo don Ramón,
Marqués.
Marqués	Voy a obedeceros.
Conde	No le digas que está aquí
su hermano. —Hijo, ¿por esto
se ha enojado el picador?
Pregunto: ¿vate a ti menos
que tenga mejor caballo
tu hermano?
Berenguel	De eso me ofendo.
¿Todo ha de ser lo mejor
de lo que mi hermano es dueño?
si buena espada me traen,
y estoy con ella contento,
la suya me dicen que es

de más antiguo maestro.
Si algún día señalado
dos vestidos nos ponemos
el mío es el del mal gusto,
el suyo el que alaba el pueblo.
en mi guadarnés no hay,
alhaja, no haya luego
quien diga que otra mejor
tiene mi hermano en el vuestro;
mis jaeces son peores,
mis armas de mal acero,
las suyas de lindo temple;
mis lebreles y sabuesos
ni acometen, ni descubren
en el monte y llano a un tiempo,
ni uno a la cerdosa res,
ni otro al tímido conejo.
si hacemos versos los dos,
son los peores mis versos:
y esto es lo que siento más
que es alhaja del ingenio.
y si los dos concurrimos
de damas y caballeros
a algunas conversaciones
que ocasionar suele el tiempo,
diga él algún disparate,
y diga yo un gran concepto,
no es cosa, dicen al mío,
y al suyo dicen que es bueno.
y en fin, cuando yo tenía,
para desquitar todo esto,
un caballo, de quien gusto,
tan veloz y tan sujeto
que en empezando a correr

no parará a no haber freno,
se me atreve el picador
a decirme que el overo
de mi hermano, porque es suyo,
es más caballo y más hecho.
y vive Dios, que a no ser
porque vuestra Alteza...

Conde   Cierto,
hijo, que no te conozco,
pues solía en otro tiempo,
a tu mala condición
reducir tu entendimiento.
¿A quién quieres, di, que alaben
si no es a tu hermano? Viendo
que eres mi hijo menor,
y tu hermano el heredero.
si saben que viejo estoy,
si ven que estoy tan enfermo
que en sus sienes y en su mano
pruebo la corona y cetro.
¿Habrá alguno en Barcelona,
filósofo tan atento,
que tenga el mérito en más,
y tenga al poder en menos?
¿Cuándo no es el poderoso
alabado? ¿Y en qué tiempo
la huella de los felices
no siguen los lisonjeros?
hermosísimo un cristal
a los rayos del Sol vemos
que admira a un tiempo y enciende,
y en su competencia puesto,
ya trino diamante que

	arda y resplandezca menos,
	solo porque vale más
	el diamante, experimento
	que es el diamante alabanza
	y es el cristal menosprecio:
	nacieras primero tú,
	y fueras diamante.
Berenguel	Eso
	es lo que siento más yo,
	aunque no le ayudo el cielo
	la alabanza de segundo
	ni la dicha de primero.
Conde	Berenguel, hablemos claro;
	tu condición mala ha hecho
	que no haya quien bien te quiera
	en Barcelona; soberbio
	eres con humildes vano,
	mucho más con los modestos.
	de ninguno crees virtud,
	¡Oh qué mal haces en esto!
	que es honra por fe creer
	por señas el bien ajeno.
	y lo que yo siento más,
	entre otras cosas que siento,
	es, que eres más inclinado
	a ofender, cuando estás ciego,
	al pobre que al poderoso;
	¡Oh cómo no ves el yerro!
	porque si se venga el rico
	se venga con el acero,
	con el tierno llanto el pobre;
	la distinción mira atento

        que hay entre el llanto y la espada;
        que el rico, airado y soberbio,
        una vez de ti se venga,
        y el pobre muchas, supuesto
        que de ti se venga más
        cuanto se vengare menos.
        y una cosa...

Berenguel   El sermoncillo
        es un poco largo.

Conde   Quiero
        reñirte.

Berenguel   Pues vuestra Alteza
        riña esta vez todo aquello
        que ha de reñirme.

Conde   ¿Por qué?

Berenguel   Porque, Señor, si yo puedo,
        para darme otro sermón
        no me ha de coger tan presto.

Conde   ¡Ah! no te castigue Dios,
        hijo Berenguel, que cierto
        que estimas poco el amor
        paternal.

Berenguel   ¿Yo por qué debo
        pagarte ese amor a ti,
        si cuando me quieres veo
        que no me quieres por mí
        sino por ti?

Conde	No lo entiendo.
Berenguel	Dime, ¿cuando yo nací, si otro naciera a aquel tiempo, no le quisieras a él como me quieres?
Conde	Es cierto.
Berenguel	Pues tú te agradece a ti saber ser buen padre, puesto que a otro que no fuera yo tuvieras ese amor mesmo.
Conde	Pero tú pagarme debes ser mi hijo.
Berenguel	¿Yo qué te debo, si tú me hiciste segundo?
Cardona	Dice bien, fue muy mal hecho.
Conde	Callad vos.
Cardona	Yo callaré.
Conde	Idos fuera.
Cardona	Voime.
Camacho	¿Velo como es un...?

Cardona   Habla por boca
de un Camacho.

(Vanse los dos.)

Conde   Lo que intento
preguntarte...

Berenguel   Dilo, pues.

Conde   ¿No me dijiste tú mesmo
que a doña Leonor te diera
por esposa?

Berenguel   No lo niego.

Conde   ¿No te casaste con ella?

Berenguel   Es verdad.

Conde   ¿No es el ejemplo
de la virtud?

Berenguel   Las mujeres.
de cualquier hombre travieso,
luego son unas santicas.

Conde   ¿No es hermosa?

Berenguel   No, por cierto.

Conde   Pues tú a mí me lo dijiste.

Berenguel   Me lo pareció primero.

Conde	¿No es de la grande familia
del de Tolosa, que un tiempo
dio hazañas a la memoria
de los siglos venideros?
Berenguel	Es así.
Conde	A tu mismo hermano,
con quien tuve hecho el concierto
de casarla, ¿no te acuerdas
que se la quité, sabiendo
que solo porque él la quiso,
la presunción, el deseo
o la envidia, dieron juntos
nueva materia al incendio?
Berenguel	Todo es verdad.
Conde	Pues dime, hijo,
¿Cómo en un heroico pecho,
donde un amor vivió siempre,
cabe un aborrecimiento?
Con un fingido agasajo,
con un cortés cumplimiento,
una mentira a ocasión.
Con una lisonja a tiempo,
cumples con una mujer
principal. Pero no vengo
en que se asome tu odio
a tus ojos, y que luego
le revele el corazón
al labio todo el secreto.
Quien con la propia mujer

                gasta iras, siembra despechos,
                groserías anticipa,
                ni es noble ni es caballero;
                que el tratar mal las mujeres
                propias de palabras, pienso
                que solamente lo usan
                los vulgares y plebeyos;
                que cuando tú la aborrezcas,
                hijo mío, no es bien hecho;
                ya que lo interior sea malo
                que lo exterior sea bueno.

Berenguel   Pues yo, Señor...

(Sale Ramón.)

Ramón   El Marqués
(Aparte.)   Me dijo... (Mas yo me vuelvo,
                mi hermano está aquí.)

Berenguel (Aparte.)   Mi hermano
                ha entrado, salirme quiero.

Conde   ¡Ah Berenguel! ¡Ah Ramón!
                Hijos, muchachos, ¿qué es esto?
                ¿Adónde vais?

Ramón   Como estabas
                agora hablando en secreto
                con mi hermano, me volvía.

Berenguel   Como vi que entraba a veros
                mi hermano, estorbar no quise
                que os hablase.

Conde	Antes me huelgo que vengáis a esta ocasión.
Ramón	¿Qué es lo queme mandas?
Conde	Tengo mucho que reñir con vos.
(Aparte.)	(Todo cuanto hace mal hecho Berenguel, quiero reñirle a don Ramón; pues con esto, riñendo al que está sin culpa, del que la tiene, los yerros templo, a un mismo tiempo al malo, vengo a reprender al bueno.) De manera, don Ramón, que habéis dado, errado y necio, en no hablar a vuestro hermano, porque os ha querido el cielo confiar una corona ¿Que a otro habéis de darla luego? ¡Si vos supiérais lo que es una corona!
Ramón	Ya veo que es la corona un alivio muy pesado; es un trofeo muy costoso; es un adorno que aflige al que le trae puesto; es una riqueza pobre, un honrado menosprecio un vituperio alabado, una lisonja con riesgo, una libre esclavitud;

                            pues de la suerte que vernos
                            que a un esclavo le señalan
                            sobre la frente, poniendo
                            (porque se sepa quien es)
                            nombre o señas de su dueño
                            así al Rey (¡fiera señal!)
                            sobre la frente se ha puesto
                            la corona, porque sepan
                            que es esclavo de su reino.

Conde (Aparte.)   (Vivas más que yo, hijo mío,
                            ya sé que no lo encarezco
                            poco. ¡Qué discretamente
                            discurre! Pero no es bueno
                            alabarle, porque esotro
                            podrá enojarse.)

Berenguel   Por cierto
                            que es lástima, que a mi hermano
                            no mandes ponerle luego
                            en una media tinaja
                            como a Diógenes, que ha hecho
                            de despreciar las coronas
                            filósofo a lo moderno.
                            ¡Qué discreto y qué moral!

Conde   ¿Pues él tiene entendimiento
                            para saber lo que vale
                            una corona y un cetro?

Berenguel   Renúnciela en mí, y veamos
                            si hago yo tan poco aprecio
                            de la corona.

Ramón	Mi padre la goce, que es lo que quiero; pero cuando fuera mía será tuya.
Berenguel	Esto no puedo sufrir, qué quiere decirnos...
Conde	¿Qué?
Berenguel	Que no tiene deseo de heredaros.
Conde	Si tendrá: ¿Piensas tú que le agradezco la fineza?
Ramón	Bien sé yo que tú conoces mi pecho.
Conde	Ea, abrazadle, y pedidle que os perdone.
Ramón	Sabe el cielo, que siempre mi amor ha estado a lo obediencia sujeto. ¿Pues cuándo yo no te he hablado, hermano? ¿Cuándo no llego a obedecerte y servirte?
Berenguel	Estos señores modestos tienen engañado el mundo.
Ramón	Los brazos me da, pues vengo

	a pedir que me perdones,
	si hay perdón donde no hay yerro;
	tú eres quien tiene la culpa.
Berenguel	Es verdad, tú eres el bueno,
	el apacible y el blando,
	yo el áspero y el soberbio;
	y vete con Dios, hermano.
Conde	Ea, por mí has de hacer esto,
	abrázale por tu vida;
	acabad vos, no seáis seco,
	noramala para vos;
	llegaos más.
Ramón	Ya os obedezco.

(Abrázale.)

Conde (Aparte.)	¡Qué humildad!
Berenguel	Porque lo mandas,
	yo le abrazo.
Conde (Aparte.)	(¡Qué despego!)
	Guárdete el cielo, Ramón.
	Berenguel, Dios te haga bueno.
Ramón	Señor, una nueva os traigo
	no buena.
Conde	Decidla luego.
Ramón	Que el turco infesta las islas

          de Mallorca, entrando a fuego
          y sangre por las campañas
          de sus conocidos pueblos
          en seis armadas, galeras
          y doce navíos gruesos.
          Mallorca y Menorca escriben
          que las socorras, pidiendo,
          primero la brevedad,
          que el socorro de tu reino
          son las islas; y en mi día,
          si quiere ayudar el cielo,
          surgir en Puerto Mahón
          pueden tus vasos ligeros,
          el Maestral en la popa
          y en las espumas el remo.

Conde   Pues en diez y seis galeras
          y veinte naves que tengo
          surtas en la playa, al punto
          se embarquen nobleza y pueblo.
          pieza de leva dispare
          la capitana; tan presto
          sea el socorro como es
          el aviso, que si luego
          que se reconoce un daño
          se interpusiese el remedio,
          no hubiera la tiranía
          logrado cetros ajenos.

Ramón   ¿Quién irá por general?

Conde   A nadie a fiar me atrevo
          Esta empresa sino a vos...

Berenguel (Aparte.) Si elige a mi hermano, tengo
de ir yo, y él se ha de quedar.

Conde A Berenguel.

Berenguel Agradezco
la elección.

Ramón Vaya en buen hora
mi hermano.

Berenguel Agora no quiero
salir porque él lo aconseja:
vaya don Ramón.

Conde Ya espero
la dispensación de Roma
para hacer su casamiento
con Constanza, hija del duque
de Calabria, y no me atrevo,
estando ella en Barcelona,
habiendo venido a esto
desde Italia, aventurar
con su ausencia este respeto.

Berenguel ¿Y yo no me importo más
a mí, que me importa un reino?
Siempre han de echar los segundos
a las balas; los primeros,
¿No le han de ver una vez
siquiera la cara al riesgo?

Ramón Yo suplico a vuestra Alteza
me deje ir.

Conde   ¿Qué dirá de eso
              Constanza, que es mi sobrina,
              si os vais vos?

Berenguel   Bastante tiempo
              pienso que hay, que no vendrá
              la dispensación tan presto.

Ramón   Vuelvo otra vez a tus pies,
              a suplicarte de nuevo
              que yo vaya a este socorro,
              que habrá quien mormure luego
              si me quedo en Barcelona,
              después de haberte propuesto
              que hago gala del temor
              y conveniencia del miedo.

Conde   Hijo lo que me pedís
              me está a mi bien, y no quiero
              aventurar la vitoria
              por no elegir un sugeto
              de vuestro valor y partes,
              vuestra experiencia y acuerdo.
              Sea luego el embarcaros,
              que en vuestra ausencia os ofrezco
              galantear a mi sobrina
              Constanza, como vos mesmo.
              que nunca he dejado yo
              de ser galán por ser viejo;
              a vuestro valor le dio
              esta empresa.

Ramón   A los pies vuestros

	he de poner la cabeza
del Otomano soberbio.
Berenguel (Aparte.)	(Buena ocasión se ha ofrecido
a mi amor.)
Ramón	¡Oh qué mal puedo
irme a embarcar sin el alma
por quien respiro y aliento!
Conde	Ea, entrad a despediros
de Constanza.
Berenguel (Aparte.)	Agora celos
y ocasión.
Ramón (Aparte.)	Agora ojos
No os he menester tan tiernos.
Conde	Ea, hijo, a preveniros.
Ramón	Ea, Señor, a obedeceros
Conde	Vámonos luego.
Ramón	Ya estoy
obediente a tus respetos.
Conde	Que hasta la torre del río
ir a acompañaros quiero;
vos también a acompañarle
Habéis de salir.
Berenguel	No puedo,

	Que tengo que hacer.
Conde	¡Qué hijo tan malo!
Ramón	¡Qué sentimiento!
Conde	¡Oh amarga vejez!
Ramón	¡Oh ausencia!
Conde	¡Oh llanto!
Ramón	¡Ay dolor!
Berenguel	¡Oh cielos!
Conde	Dos extremos son mis hijos.
Ramón	Para mi amor todo es miedos.
Berenguel (Aparte.)	(No puede disimular Lo que quiere a Ramón.)
Conde (Aparte.)	(¡Cielos! No sea Berenguel tan malo, y no sea Ramón tan bueno.)

(Vanse.)

(Salen Leonor y Rufina, criada.)

| Leonor | ¿Avisaste a don Ramón como le esperaba? |

Rufina	Sí; si ahora sale por aquí será mejor ocasión de hablar a solas con él.
Leonor	Por aquí sale.
Rufina	No sea que con él hablar te vea tu esposo don Berenguel.
Leonor	Pienso que mi esposo ya por ese cuarto salió.
Rufina	Su condición temo yo.

(Sale Ramón.)

Ramón	Aquí me dicen que está Doña Leonor, y deseo saber por qué me ha llamado en esta sala.
Rufina	Ya ha entrado Don Ramón.
Leonor	Remediar creo desta suerte mi temor; desta manera ha de ser.
Ramón	A cumplir y obedecer, hermosa doña Leonor, lo que me mandáis, llamado

	de Rufina, vengo aquí.
Leonor	Guárdete el cielo (¡ay de mí!) tú, Rufina, ten cuidado si alguno quisiere entrar de avisarme.
Rufina	Así lo haré; y a esa puerta me pondré para poderle avisar.
(Vase.)	
Leonor (Aparte.)	(Ea, al labio sentimiento.)
Ramón (Aparte.)	(Dolor, no tan declarado.)
Leonor	Para lo que te he llamado es...
Ramón	Prosigue.
Leonor	Estáme atento. Valeroso don Ramón, cuyas generosas partes te hicieron todo lo que eres, a no haberlo hecho tu sangre; ya te acuerdas de aquel tiempo, que fino, atento y amante me quisiste...
Ramón	Ya me acuerdo, cuando en la divina cárcel de tu amor fui prisionero

                el más feliz.

Leonor   También sabes...

Ramón   Que me hirió flecha vibrada
del arco en que las reparte
con ser el amor tan ciego,
tan airado y penetrante
que al verla con venda dice:
«Si es esa venda que traes
de penetrar tan difícil,
¿cómo es la flecha tan fácil?

Leonor   Concertó tu padre, el Conde,
que tú conmigo te cases,
y que tu hermano menor,
Don Berenguel, se casase
con doña Constanza, hija
del de Calabria.

Ramón   Mal haces,
hermosa doña Leonor,
otra vez en acordarme
el fuego que se acabó,
que eso es referirme el que arde.

Leonor   Pues viendo tu hermano entonces
que me quieres, a tu padre
le aconseja y amenaza,
obligándole a que trate
conmigo su casamiento,
y que a ti puede casarte
con la infanta en Aragón,
ocasionándole en parte

con la conveniencia; y luego
le jura que de no darme
por su esposa, esta ciudad
será otra Troya, que nade
en su incendio, y a su ira
en globos de fuego y sangre.
el Conde, pues, que temía
su condición, y no sabe
dos iguales corazones
cuanto más es lo que arden;
o juzgando que es más justo
que el hijo mayor se case
con Constanza, sin mirar
que aventura en este lance
sangre mucha, suya toda,
cuanta pueda derramarse;
qué desenlaces te ordena
(bien pudo fácil hallarte)
el nudo que tú pudiste
romperle y no desatarle;
tú entonces, preciado más
de obediente que de amante,
contra la fe de mis ojos
que hablan con mudas verdades,
y de los astros también
contra el celestial dictamen,
a doña Constanza admites
por esposa; el Rey su padre
a Barcelona la envía;
(aquí ahora no me acaben
de penetrar toda el alma
estos cuchillos mortales.)
pídeme tu padre entonces
que yo con tu hermano (¡oh antes

en esa media región,
varia nube desatase
un rayo que en este risco
de mi constancia trabase!)
Que con tu hermano ¡ay de mí!
me casase; y por vengarme
de ti, con él me casé,
ciega entonces; mas no tarde
reconocí cuánto yerra
aquella que por vengarse
otro lazo solicita.
Porque al querer desatarle
se vuelve contra el amor
cuanto los enojos hacen,
protesté que me casaban
por fuerza; mas no eficaces
fueron las iras a un ruego
que sobre un precepto cae.
El tálamo y sepultura
llegó con la noche, madre
de las sombras, y mis ojos
dos líquidos manantiales
dan a mi rostro, porque
mis mejillas no se abrasen.
Llegó al tálamo, ¡qué presto!
Pasó la noche, ¡qué tarde!
Su luz agradezco al día,
y mi esposo tan constante
vuelve a repetir el lazo
como el que llega a estrenarse.
pasan días, obra el trato;
es galán, sabe obligarme;
vaste fuera, ya te olvido;
es mi esposo, empiezo a amarle;

soy noble, atiendo a mi fama;
quiérole, el trato lo hace;
vuelves de Italia, soy roca;
viene la Infanta, es un ángel;
vela mi esposo, ¡ay amor!
¡Ay celos! lloro mis males;
y, en fin, después que de fuera
a Barcelona llegaste,
o sea porque se acuerda
que me has querido, o por darle
disculpa al oído, o por dar
materia que yo me abrase,
toda la voz grosería,
toda la acción crueldades,
sacando de mi fineza
materia para irritarse,
se niega al lecho, a la mesa,
bien que llega a consolarme
que en una propia mujer
estos usados desaires
no la hacen menos hermosa,
menos dichosa la hacen.
En fin, solicita ahora,
(ya es necesario que ampares
una infelice mujer
que de tu piedad se vale)
disolver el matrimonio,
digo, que intenta que pague
mi desdicha y mi hermosura
lo que su inconstancia hace;
ya profanando este templo
del honor, quiere dejarme
a solo ser de mi llanto
en el público desaire

	de su desprecio.
Ramón	Pues ¿cómo puede el matrimonio darse por nulo?
Leonor	De la protesta de fuerza que hice al casarme, porque disolverse pueda me ha dicho a mí que se vale, y es porque quiere...
Ramón	Prosigue.
Leonor	Casarse con otra.
Ramón	¿Y sabes con quién se quiere casar?
Leonor	Solo sé que ya no cabe mi dolor todo en mi voz, y que a mis ojos se sale para que la lengua llore y porque los ojos hablen.
Ramón	Pues lo que importa es saber a quién quiere, y con quitarle aquella luz porque mire todos tus rayos cabales, se asegura que...

(Sale Rufina.)

Rufina   Constanza,

                    Mi señora.

Ramón   No me halle
                    contigo; vete, Leonor,
                    que yo prometo ayudarte
                    con el alma.

Leonor   Mucho estimo
                    que reverencies y ames
                    a Constanza.

Ramón   ¡Oh cuánto precio
                    que con mi hermano te halles
                    tan bien, que llores y sientas
                    que ese ñudo se desate!

Leonor   Es mi esposo, no te admires.

Ramón   Es mi esposa, no te espantes.

Leonor   ¿Antes que lo sea la quieres?

Ramón   ¿Pero tú no te casaste
                    primero que yo?

Leonor   Primero
                    fue dejarme tú.

Ramón   Ya es tarde
                    para quejas.

Leonor   Para celos
                    lo es también.

Ramón   Siglos te guarde
el cielo, todos logrando
tu esposo.

Leonor   Largas edades
goces tu esposa.

Ramón   Esto importa
que sepas.

Leonor   ¿Tú de tu parte
me ofreces la ayuda?

Ramón   Sí.

Rufina   Presto, señora, que sale.

Ramón   Mucho le debo al olvido.

Leonor   Locas memorias, dejadme.

(Vanse las dos.)

(Sale Constanza.)

Constanza   ¡Señor don Ramón!

Ramón   ¡Divina
Doña Constanza!

Constanza   Quejarme
pudiera, estando en palacio
que no entres a visitarme
a mi cuarto, pues has visto

	cuánto te agradezco.
Ramón	Antes huyo de ti, como el que despierta de sueño grave, que para ver necesita de la luz, y cuando abre los ojos, la luz que busca es la que llega a cegarle.
Constanza	¿Pues qué te ciega?
Ramón	Este ejemplo: pasó a mi voz, quiero hablarte, y como la voz se arriesga hago que la lengua calme.
Constanza	Cuéntame tu pena.
Ramón	Es tuya, y sentirla has; pues mi padre me envía a Mallorca, sabiendo que el turco infesta sus mares y que...
Constanza	Agora sí que es más mi desdicha, es quien lo hace el golpe que no el amago. ¿Para qué inventó puñales el rigor y la crueldad si hay palabras penetrantes? pues habiendo yo venido de Nápoles a casarme contigo, tu padre ¿cómo

| | hacerme intenta el desaire
de dejarme aquí, ni quiere
solamente me acompañes
antes de estar desposada?
¿Por no haber llegado antes
la dispensación, le dejan
a una mujer de mi sangre,
de mi estimación y prendas,
a que su esposo y su amante
se confíe a la dudosa
fe de los azules mares? |
|---|---|
| Ramón | Una ausencia de tres días
muy poco puede importarte. |
| Constanza | Pues dime tú, ¿ha menester
la mala fortuna edades?
una niebla turba el Sol,
la nube es tema del aire
ya el rayo quebró en el cisco
cuando el relámpago arde;
la noche es riesgo del día,
riesgo es el Etna gigante
de la llama; crece el mar
a porfiados huracanes,
Elon pólvora de plata
y muro de arena bate
no hay firmeza en las estrellas,
los cielos no son constantes,
en edad breve se trueca
la luz por la sombra fácil
en otra acobarda el trueno
el valor de los mortales;
pues yo de la brevedad |

	del tiempo no he de fiarme;
	si en un instante se mudan,
	se bañan en otro instante
	el Sol, la niebla y el rayo,
	cielos y astros celestiales,
	la sombra, la luz, el Etna,
	la mar, la niebla y el aire.
Ramón	Yo fui quien se convidó
	a esta jornada.
Constanza	No es tarde
	para que este error enmiendes;
	vuelve a decir a tu padre
	que le ruego que no partas.
Ramón	Y dime, cuando él lo mande,
	¿Será razón que tus ruegos
	a mis temores se achaquen?
Constanza	¿Y ausentarte fue quererme?
Ramón	Piensa siempre el que es amante,
	que le está bien al amor
	todo cuanto el valor hace.
Constanza	Pues tú no puedes partirte,
	Don Ramón.
Ramón	¿Pues hay más grande,
	inconveniente en mi ausencia?
Constanza	Mayor.

Ramón	Dile.
Constanza	No es posible.
Ramón	Di por qué.
Constanza	Porque es tan grande que aunque cabe en el dolor en el respeto no cabe.
Ramón	¿Pues ser puede mayor mal el que tú puedes contarme, que la duda del saberle?
Constanza	Conforme me quieras y ames.
Ramón	Grande es, que es grande mi amor.
Constanza	Pues no me atrevo a contarle.
Ramón	Valor tengo para oírle.
Constanza	Pero es mi amor tan cobarde, que temo, aunque tú lo sepas, que no quieras remediarle.
Ramón	Pues si es forzoso el remedio, yo te ofrezco...
Constanza	¿Qué?
Ramón	Quedarme.
Constanza	¿Y podrás cumplirlo?

Ramón	Sí.
Constanza	Pues oye.
Ramón	Pasa adelante.
Constanza	Ya te acuerdas que tu hermano
estuvo tratado, antes
que se tratase contigo,
que conmigo se casase.
Ramón	Es así.
Constanza	También te acuerdas
que a recibirme una tarde
al puerto de Palamós
con don Berenguel llegaste.
Ramón	Así fue.
Constanza	Entonces te vi,
dueño mío, y al mirarte,
extrañé que por concierto
un alma en dos voluntades
se ajustasen, y esto sería
que como esos astros se hacen
dueños de nuestro albedrío,
por efectos naturales,
ellos allá concertaron
(como ellos todo lo saben)
cómo han de ajustar a un yugo
dos corazones distantes;
iba tu hermano contigo

                    a recibirme, excusarle
bien quisiera mi atención
a tu oído este desaire.
Viome tu hermano, y al verme,
o bien movido del áspid
de la envidia o de los celos
al ponzoñoso Terrastes;
que yo no he de ser tu esposa
me dice, porque al tratarse
su casamiento conmigo,
para que de mí se agrade
un retrato que le dieron
fue tan poco semejante
a mi rostro, que el pintor
primores mintiendo al arte,
como no hay quien copiar pueda
los rayos del Sol como arden,
copió en lugar de sus luces
las sombras que dellas salen.

Ramón   ¿Luego por esto (¡ay dolor!)
pretende que ha de anularse
de Leonor el matrimonio?

Constanza   Que aunque tu padre lo mande
conmigo se ha de casar,
dice, y dice que ha de darse
el matrimonio por nulo
de su esposa, que es constante
que en aquel ha habido fuerza
y en este engaño.

Ramón   No acabes
de matarme, ten piedad

| | de ti, si quererme sabes;
| | y si no atila la voz
| | al labio si ha de matarme,
| | que será menos cruel
| | en siendo más penetrante
| | ¿Cuándo mi hermano te habló?

Constanza   Cuando tu te adelantaste
            a Barcelona porque
            se previniese tu padre.

Ramón   Y di, ya que él se atreviese,
            ¿Para qué tú le escuchaste?

Constanza   Yo puedo excusar los ojos,
            no los oídos.

Ramón   Culparte
            no puedo que tú lo oyeses.

Constanza   ¿Pues de qué puedes culparme?

Ramón   Que le atendieses.

Constanza   ¿Y en eso
            hallas diferencia?

Ramón   Y grande,
            que no viene a ser todo uno
            atenderle y escucharle.

Constanza   Don Ramón, no tengas celos
            (ya que de tenerlos trates)
            de mí, porque le aborrezco,

	sino dél porque me ame.
Ramón	Perdona, Constanza hermosa
que esto es no querer quedarme
por una fe que se dude
con una duda que mate;
pero ahora...
Constanza	¿Qué me dices?
¿O te quedas o te partes?
Ramón	Licencia vuelvo a pedirte
otra vez para embarcarme,
pues no lo excuso, Constanza.
Constanza	¿Y es justo que no repares
en tan gran inconveniente?
Ramón	Confieso que fuera grande
a ser posible.
Constanza	¿No lo es?
Ramón	No; porque si ha de anularse
primero aquel matrimonio,
hay tantas dificultades,
desde que ofenda a Leonor
y que a ti pueda alcanzarte,
como hay de que tú me olvides
y de que yo no te ame.
Constanza	Pues, amor, sed valeroso,
que esta vez he de fiarme
de mí, si a Leonor le importa

　　　　　　　　el ser en esta lid parte,
　　　　　　　　aliento de las futuras
　　　　　　　　y gloria destas edades.
　　　　　　　　vence, triunfa, mi amor llevas,
　　　　　　　　que en esta lid te acompañe,
　　　　　　　　que no quiero que tu fama
　　　　　　　　de la calumnia se manche;
　　　　　　　　que ser firme te aseguro
　　　　　　　　hasta que en brazos iguales,
　　　　　　　　fatigada la esperanza,
　　　　　　　　dentro del lago descanse.

Ramón　　　　　Tanto el valor te agradezco
　　　　　　　　como el amor.

Constanza　　　　　　　　Pues no aguardes
　　　　　　　　mis lágrimas.

Ramón　　　　　　　　　　Yo sé que ellas
　　　　　　　　son dulcísimos imanes
　　　　　　　　que a los ojos desde el pecho
　　　　　　　　los hierros del alma atraen.

Constanza　　　　¿Luego podrán detenerte?

(Salen Rufina, Cardona y Camacho.)

Cardona　　　　　¿Señor?

Camacho　　　　　Tu hermano.

Rufina　　　　　　Tu padre.

(Salen Berenguel, el Conde, el Marqués y Leonor.)

Berenguel   Ya te esperan en la playa
                  guarnecidas treinta naves.

Conde   Ea, a embarcar, hijo.

Marqués   Y ya
                  a la porfía del parque
                  diez mil soldados alistan
                  tus ínclitos capitanes.

Leonor (Aparte.) (¡Que cuando vine a valerme
                  de don Ramón me callase
                  que se embarque! ¡El cielo os vuelva!
                  ¡Ah, Ramón, y qué mal sabes
                  cumplir lo que has prometido!)
                  sobre esas cerúleas mares
                  triunfando vuelvas, Ramón,
                  de los turcos estandartes.

Ramón   Yo vendré presto a cumplir
                  mi obligación.

Constanza (Aparte.)   (¡Que me abrase
                  ver que haya otra que me ayude
                  a sentir mis propios males!)

Conde   ¿Cómo no te embarcas tú,
                  Cardona?

Cardona   Tengo un achaque.

Camacho   Di, ¿qué es?

Cardona	Que me he resfriado de oírte, y no he de embarcarme.
Camacho	¿Mas que sé dónde te duele?
Cardona	Dime dónde.
Camacho	Aquí.
Cardona	Acertaste, más tú me lo pagarás.
Conde	Hijo, despídete antes que de todos, de tu hermano.
Ramón	Llega, hermano mío, y dame los brazos.
Berenguel	¡Vuélvate el cielo como deseo! A esperarte voy a la raya.
Leonor (Aparte.)	(Al salir de palacio, pienso hablarle.)

(Vase.)

Berenguel (Aparte.)	(Por si hablar puedo a Constanza, he de esperar.)
Ramón	No derrames, hermosísima Constanza, de tu amor tantas señales ni lágrimas desperdicies.

Constanza	¿Cómo pueden derramarse si en mi labio paran todas las que por tú rostro caen y vuelvo a llorar las que entran recogiendo las que salen?
Ramón	Pues valer, esposa mía adiós.
Constanza	El cielo te guarde.

(Vanse Constanza y Berenguel.)

Conde	Pues que tu hermano se ha ido, llega, hijo mío, a abrazarme.
Ramón	Dame, Señor, esos pies.
Conde (Abrázale.)	El corazón quiero darte, que está más sano.

Berenguel
(Desde el paño.)
                        En el pecho
enciendo duros volcanes.

Conde	Pienso que no he de llegar a verte, llega a abrazarme, con la del cielo te caiga mi bendición; dime antes que te vayas, hijo mío, si algo tienes que encargarme.
Ramón	Que por doña Leonor mires

	te pido.
Berenguel	Ahora piso el áspid invisible de los celos.
Conde	Pues dime, ¿puede importarte más que Constanza Leonor?
Ramón (Aparte.)	Señor (No quiero contarle lo que mi hermano desea, porque el dolor no le acabe), mirando por ella miras por Constanza.
Conde	De mi parte te ofrezco lo que me pides.
Berenguel	Como antes que se casase Leonor, la quiso mi hermano, aquellas cenizas arden.
(Sale Constanza.)	
Constanza	No acierto a irme.
(Sale Berenguel.)	
Berenguel	¡Los cielos Viven...
(Sale Leonor.)	
Leonor (Aparte.)	(Haz que yo le hable, no podré...)

Conde	Hijo, Leonor; Constanza, hija.
Berenguel	A acompañarte vuelvo como te tardabas.
Leonor	Como don Ramón se parte, a divertir a Constanza iba a su cuarto esta tarde.
Constanza	A estos balcones salía a verte embarcar.
Ramón	Quedarte puedes, Leonor; Berenguel...
Leonor (Aparte.)	(Disimulemos, pesares.)
Conde	Tú ven conmigo a la playa que quiero que me acompañes.
Leonor	¡Triste ausencia!
Constanza	¿Tú la sientes, Leonor? ¡Hay mayores males que amor con celos y ausencia!
Berenguel (Aparte.)	(Celos tengo tan iguales de Constanza y de Leonor, que ya no sé si aventaje, los de una por mas cercana, los de otra por más distante.)

Ramón (Aparte.)   (La que adoro y la que quise
                  adolecen de un achaque.)

Conde   Vamos, hijo.

Ramón (Aparte.)   (Dividida
                  llevo el alma en dos mitades.)

Conde (Aparte.)   (Todo es mirar a Constanza
                  Berenguel.)

Berenguel (Aparte.)   (Mas con vengarme
                  aquellos celos me templan
                  y aquestos me satisfacen.)

Constanza (Aparte.)   (¿Mas la que no es valerosa,
                  cómo puede ser amante?)

Berenguel (Aparte.)   (Todos los cielos son ira.)

Ramón (Aparte.)   (Todo el amor es azares.)

Constanza (Aparte.)   (Con ausencia nada hay firme.)

Leonor (Aparte.) (Sin dicha nada es durable.)

Berenguel (Aparte.)   (¿No es mi hermano el que me ofende?)

Ramón (Aparte.)   (Quien me agravia, ¿no es mi sangre?)

Conde (Aparte.)   (No es hijo el que no obedece.)

Berenguel (Aparte.)   (El que aborrece no es padre.)

Leonor (Aparte.) (Mas solo un consuelo espero.)

Constanza (Aparte.) (O hay un alivio que halle.)

Berenguel (Aparte.) (Solo una templanza espero.)

Ramón (Aparte.) (Solo un remedio que aguarde.)

Conde (Aparte.) (Solo una esperanza tengo.)

Leonor (Aparte.) (Que hay castigo, si hay crueldades.)

Constanza (Aparte.) Que hay venganza, si hay agravios.)

Berenguel (Aparte.) (Que si hay celos, hay puñales.)

Ramón (Aparte.) (Que hay constancia, si hay ausencia.)

Conde (Aparte.) (Que no es la vida durable,
que estoy viejo y con la muerte
se acaban todos los males.)

Fin de la primera jornada

Jornada segunda

(Sale Constanza a medio vestir.)

Constanza   ¡Hola, criadas, Rufina,
                 Cardona, Leonor, amigos!
                 ¡Ah Conde de Barcelona!
                 Piadosos y enternecidos
                 oídme todos, si hay
                 para la piedad oídos.

(Salen Rufina, Leonor, Cardona, y el Conde.)

Rufina   ¿Quién me llama?

Constanza   ¡Fuerte pena!

Leonor   ¿Qué quieres?

Constanza   ¡Ay dolor mío!

Conde   ¡Quién me da voces?

Constanza   ¡Oh muerte!

Conde   ¿Quién aquí?

Constanza   ¡Tarde respiro!

Rufina   ¿Señora?

Leonor   ¿Doña Constanza?
                 ¿Qué accidente repentino
                 rompió el coto del silencio?

                        ¿Dónde cautelar he visto
                        el llanto como palabra
                        y la voz como suspiro

Constanza   ¡Ay Conde! ¡Ay Leonor! ¡Ay cielos!
                        ¡Luego los dos no habéis visto
                        muerto a don Ramón, mi esposo,
                        al acero vengativo
                        de su hermano?

Conde   Oye, Constanza,
                        y de ese mortal delirio
                        vuelve en ti, tá esposo vive.

Constanza   Ya no crueles y impíos
                        me templéis con engañar
                        el alma por el oído,
                        pues solamente el dolor
                        me viene a servir de alivio.

Conde   ¿Viste muerto a don Ramón?

Constanza   Ya imagino que está limpio
                        del azul Mediterráneo
                        campo de corales tintos.

Leonor   ¿Quién le dio muerte?

Constanza   Su hermano
                        Berenguel.

Conde   ¡Cielos! ¿Qué he oído?
                        ¿Tú le viste?

Constanza	Mi temor...
Conde	¿A tu temor has creído?
Constanza	Sí, que luego el corazón me lo confesó en latidos.
Leonor	¿Quién le acompañó?
Constanza	Su ira, su envidia y traición han sido cómplices, y al darte muerte, traidor, como vengativo, para que el Sol no le ayude le hizo espaldas aquel risco.
Conde	¡Qué valeroso temor es el mío! Pues me libro por todo lo que no veo de todo lo que imagino.
Constanza	Enternecer con sus quejas esas montañas le he oído, y que le volvió sus voces el eco de compasivo; por siete heridas vertió parasismo a parasismo, no un Nilo por siete bocas, por cada una siete Nilos, y como por tantas partes respiraba a un tiempo mismo, a consumir vino todo el caudal de sus suspiros; cielos, si sois tan piadosos,

¿cómo esta vez tan impíos?
¡Conde! ¡Leonor!

(Sale Berenguel.)

Berenguel
   A la playa
llegó un bergantín de aviso
que hoy mi hermano don Ramón
llega triunfante.

Conde
   ¿Has oído
que vive Ramón, tu esposo?

Leonor
Tus temores han mentido.

Constanza
Ya lo oigo, pero me falta
Creerlo después de oírlo.

Conde
El sueño que representa
ciegas especies han sido.

Constanza
No es sueño, pues no perdí
el uso de los sentidos.

Leonor
Sería ilusión, que ella es
Toda sombras y delirios.

Constanza
Esta centinela muda
del alma el corazón digo,
can señas difícil luego
dio a mis ojos el aviso;
muerto es, tú le diste muerte;
tú trocaste inadvertido
el clavel en azucenas,

                        la rosa en cárdeno lirio;
                        ¡Aquí del cielo!

(Sale el Marqués.)

Marqués   Ya el mar
            hoy más que otra vez tranquilo,
            a estas murallas franquea
            movible ciudad de pino,
            vencedor llega el Adonis
            catalán, solo al arbitrio
            confiado de los vientos,
            y como del mar son hijos
            los vientos, piadoso el mar
            se rasga el pecho de vidrio,
            para alimento a sus naves
            pelícano cristalino:
            vencedor, dice el arráez
            del bergantín, que le han visto
            el mar teñido en corales,
            el viento hecho de suspiros;
            tres galeras de Viserta
            trae al remoleo, teñidos
            de africana sangre todos
            sus intrincados gemidos;
            catorce enemigas naves
            sorbió el mar, que al hondo abismo
            las hizo abatir el viento
            las alas del bruto lino
            banderas ciento.

Berenguel   Callad,
            porque no es triunfo tan digno
            vencer a piratas cuatro,

                  que a leños desconocidos
                  repentinamente asaltan
                  cobardes, como atrevidos,
                  tanto que aquel que más huye
                  es solo aquel que ha vencido;
                  ¿Qué hizo mi hermano en vencer
                  con tanto exceso?

Constanza   Ahora digo
                  que mi esposo vive.

Conde   ¿En qué
                  lo conoces?

Constanza   Lo he creído
                  en que la envidia no pasa
                  de la muerte; y es preciso,
                  que perdonara por muerto
                  al que te ofende por vivo.

(Sale Cardona.)

Cardona   Albricias, Señor.

Conde   ¿De qué
                  pides albricias?

Cardona   Las pido
                  de que un correo ha llegado
                  de Roma.

Conde   Y dime, ¿ha traído
                  la dispensación?

Cardona	La misma.
Conde	¿Qué es del pliego?
Cardona	Señor mío en mi faldriquera viene pero venga algo amarillo primero, como cadena, un cordón, un cabestrillo, o joya, aunque tenga cien diamantes y sean cetrinos; que para que no sean fondos, yo tengo un platero amigo, que en vendiéndoselos yo los hará claros y limpios.
Conde	Esta cadena te doy.
Marqués	Dentro tiene este bolsillo cien escudos.
Cardona	Toma el pliego; por Dios que se me ha caído; ay, maldita sea mi alma, cayóseme en el camino, que para que no viniera antes Camacho a decirlo, le metí en la faldriquera, ¡Ay!

(Sale Camacho.)

Camacho	Este pliego ha traído un correo de Roma, en que

| | por el tacto he conocido,
que para este casamiento
viene dentro el pergamino,
y en él la dispensación. |
|--------------|--|
| Cardona | ¡Ay, vive Dios, que es el mismo
que yo traía! ¡Ah traidor! |
| Conde | Aunque Cardonilla quiso
Engañarnos, a ti solo
albricias y brazos libro. |
| Marqués | Toma el bolsillo y cadena. |
| Cardona | Señores, ha hecho un delito
Camachuelo, que es ladrón. |
| Marqués | ¿Pues no me dirás que hizo
que así con él te apasionas? |
| Cardona | Sacar seis y meter cinco,
sacóme el pliego a la letra. |
| Camacho | Oigan, qué helado y que frío
se ha quedado. |
| Cardona | Sin dinero,
¿Quién está caliente, amigo? |
| Camacho | De tu faldriquera misma
Te lo he sacado. |
| Conde | Ya vino
la dispensación; hoy sean |

| | las bodas pues tan propicios
y favorables los cielos,
quieren en mi día mismo
darte a ti un dueño y esposo,
y en mí carguen beneficios,
templanzas en Berenguel
y en Leonor. |
|---|---|
| Berenguel (Aparte.) | (¿Por qué resisto
mis pasiones y a mi labio
todo mi dolor confío?
salga la ira a los ojos,
doméstico basilisco);
yo tengo que hablar ahora
con vuestra Alteza. |
| Conde | Hijo Mío
¿Qué es lo que me quieres? |
| Berenguel | Yo
tengo una cosa que deciros. |
| Conde | Nada habrá que tú me pidas,
que no haga por ti; salíos
todos allá fuera. |
| Marqués | Todos
Te obedecemos. |
| Constanza | Pues quiso
el cielo que llegue al puerto
Don Ramón, a recebillo
con tu licencia he de ir
hasta la torre del río |

                  que está una legua de aquí,
                  que allí don Ramón me dijo
                  que desembarcar pensaba
                  a la vuelta.

Conde   Yo permito
                  Que vayas, que a acompañarte
                  irá el Marqués.

Marqués   Pues te sirvo
                  en eso, con la señora
                  Constanza saldré, al camino.

Conde   Mi poca salud no quiere
                  dejarme salir contigo.

Leonor (Aparte.)   (¡Qué de teniores que siento!)

Constanza (Aparte.) (¡Qué de espíritus respiro!)

(Vanse.)

Leonor (Aparte.)   (Sin duda quiere pedirle
                  a su padre ¡ay dolor mío!
                  que con Constanza le case;
                  pues avisar determino
                  con un papel a Ramón
                  mi desdicha y su peligro.)
                  ¿ha, Cardona?

Cardona   Señora,
                  ¿Qué me quieres?

Leonor   Ven conmigo.

(Vanse.)

Conde   Ea, Berenguel, dime ahora
           Lo que pides.

Berenguel   Lo que digo
           es, Señor, que vuestra Alteza
           ya sabe, que cuando quiso
           conmigo se desposó
           Leonor.

Conde   Ya yo sé que hizo
           Protesta que la forzaban.

Berenguel Pues valerme determino
           de esa fuerza, para que
           pueda casarse conmigo
           otra dama a quien yo quiero,
           que hoy por esposa te pido.

Conde   ¿Pues tú no querías antes
           a Leonor?

Berenguel   Si la he querido,
           pero fue para saber
           querer más a lo que sirvo,
           como por saber amar.

Conde   Berenguel, no te he entendido.

Berenguel El que sin hacer errores
           quiere escribir un papel,
           por mostrar su ingenio en él

73

hacer suele borradores.
Pintor otro, y verdadero,
que quiere mostrar el arte,
en una figura aparte,
hace un dibujo primero
porque defetos no haya
en la acción y en el semblante,
el diestro representante
antes de salir ensaya
bien claro en esto se dice
lo que el alma llora y siente
que es amar discretamente,
y dos borradores hice.
En mi pecho imaginé
pintar, como en mármol yerto,
con amor que fuese cierto,
y aparte la dibujé;
quise decir lo que quiero,
hoy que a otro amor me rendí;
y en Leonor, mi esposa, así
hice el ensayo primero;
de modo que aquel amor
que viste arder como rayo,
no fue la verdad, fue ensayo
de dibujo verdadero;
que yo para ser amante
fuera del modo ordinario,
primero fui secretario,
pintor y representante.

Conde   ¿Y a una dama tan hermosa
Tratas con tanto desdén,
y siendo hija también
del gran conde de Tolosa?

| | No arriesgues con este intento
tu opinión como la mía. |
|---|---|
| Berenguel | Si ella primero quería
anular el casamiento. |
| Conde | Si hoy con fineza y verdad
te amase, fuera error grande. |
| Berenguel | ¿Y es bien que mi odio ande
templado su vanidad? |
| Conde | ¿Pero quién en Barcelona
(demos que anulado quede)
ese matrimonio puede
igualase a tu persona?
¿Quién a tu sangre, que es mía,
hay que te pueda igualar
con quien te puedo casar? |
| Berenguel | Constanza puede ser mía. |
| Conde | Vive Dios, hijo atrevido,
centro en que tantas traiciones
hay, que vuestras sinrazones
aun no caben por mi oído;
que aunque arriesgue mi corona
por castigar vuestro intento,
le dé al mundo un escarmiento
y un ejemplo a Barcelona;
porque con aqueste amor,
vuestro hermano, que más quiero,
pretendió a Leonor primero
me pedistes a Leonor; |

                y ahora, ciego e inhumano,
                tan errado discurrís,
                que a Constanza me pedís
                porque la ama vuestro hermano;
                decí, el cuando por los dos
                lo que pedís pueda ser;
                ¿tal desaire había de hacer
                al de Calabria por vos?
                que habiéndola vos dejado
                con tibieza y con desdén,
                y mal logrado también
                de su belleza mi traslado,
                viene a ser locura en parte,
                que vos tirano y cruel...

Berenguel   Mintió entonces el pincel,
                todo su primor al arte.

Conde   ¿Queríais con ciega pasión,
                contra el decoro y la ley,
                hacer una ofensa a mi irey,
                y un agravio a don Ramón?
                Ya toda ambición muestra
                vuestro pecho; ¡ah, si ese ardor
                naciera de vuestro amor
                y no de la envidia vuestra!
                El envidioso, pensad
                que parece en ira tanta
                a la sirena, que canta
                solo cuando hay tempestad;
                que a ella os parecéis es llano;
                pues solamente os da pena
                saber que el cielo serena
                luces para vuestro hermano.

               prenda tenéis en Leonor,
               como quien es la estimad,
               Berenguel, y imaginad
               que aunque ahora os muestro amor,
               no es porque amor he tenido,
               que este cariño es efeto
               de que no os pierda el respeto
               tanto vasallo ofendido
               de vuestro acero inhumano;
               aquel que no es obediente,
               no es mi hijo, y solamente
               es mi hijo vuestro hermano.
               si el serlo os hace fiar,
               también nacieron los reyes
               para obedecer las leyes,
               y sabré yo castigar
               al que, sin querer templarse,
               la ira y la pasión prefiere;
               porque el pecho no cancere
               un brazo suele cortarse;
               a este ejemplo os amenazo,
               que por sanar, vive Dios,
               pues sois el peor de los dos
               que me corte yo ese brazo.

Berenguel   Plegue al cielo...

Conde   Callad ya.

Berenguel   Que si os mostráis justiciero,
               venga yo a ser el primero
               que temple vuestra crueldad.

Conde   Un hijo segundo no es

	tanto, que haya presumido...
Berenguel	¡Que sea yo el abatido porque he nacido después!
Conde (Aparte.)	(Con el amenaza pienso que he errado todo el motivo, volverle quiero a templar.)
	Ea, por tu vida, hijo mío, que temples esta pasión, que yo solo he pretendido...
Berenguel	Ya se me han vuelto los celos; envidia de nuevo abrigo, este áspid mental, que ha tanto que en el alma me ha mordido.
Conde	Témplate por vida tuya, Berenguel.
Berenguel	¡En qué mal sitio pones los ruegos! ¡qué mal usas del piadoso oficio de padre! pues cuando el cielo te quiere encargar, dos hijos mas pesa en uno tu odio que en el otro tu cariño mas si es por darme en los ojos con sus méritos, si ha sido para correr inis errores con sus acciones y alivio mi venganza en mi pasión...

Conde (Aparte.)   (Templarle ahora es preciso)
                     hijo, el enojo de un padre...

Berenguel (Aparte.) (De roja sangre teñido,
                     como lo fingió Constanza,
                     ha de ir al niár en el río,
                     si no es que de sus corales
                     helado se ponga grillos
                     mi venganza en roja cárcel
                     delincuente cristalino.)

Conde   Hijo, el enojo de un padre...

Berenguel (Aparte.) (Yo le atajaré el arbitrio
                     a las estrellas.)

Conde   No es más
                     de un fácil vapor que quiso
                     humear contra el Sol, y luego
                     se queda desvanecido.

Berenguel (Aparte.) (Disimular quiero ahora
                     mi intento.)

Conde   Seamos amigos,
                     por tu vida.

Berenguel   Desde hoy
                     te ofrezco (¡ay tormento mío!)
                     esta memoria de amor
                     llenarla toda de olvido.

Conde   Eres mi hijo.

Berenguel   Tú verás
                Si lo soy.

Conde   ¡Oh cuánto estimo
                Verle tan presto templado!

Berenguel   Al tiempo doy por testigo
                de mi templanza.

Conde   ¿Y a dónde
                vas ahora?

Berenguel   ¿No es preciso
                que a recibir a mi hermano
                vaya también?

Conde   Yo te pido,
                que a acompañarle no salgas:
                con él cumples, y conmigo,
                haciendo lo que te mando.

Berenguel (Aparte.)   (Mal penetras mis designios.)
                      Haré lo que tu me ordenas.
(Aparte.)   (¡Cruel padre!)

Conde (Aparte.)   ¡Ingrato hijo!

Berenguel (Aparte.)   (Como el muro es un mal padre.)

Conde (Aparte.)   (A la hiedra es parecido
                      un hijo malo.)

Berenguel (Aparte.)   (Que cuando
                la hiedra en él busca abrigo...)

Conde (Aparte.)   (Que al tiempo que la muralla
                   la suele igualar consigo...)

Berenguel (Aparte.)   (Se deja caer con ella.)

Conde (Aparte.)   (Derriba quien ha subido.)

Berenguel (Aparte.)   (¡Ah cielos! dadme venganza.)

Conde (Aparte.)   (Cielos, no le deis castigo.)

(Vanse.)

(Sale Cardona.)

Cardona   Si hubiera siempre ocasión
           de evitar riesgo, me fundo
           en que no hay cosa en el mundo
           como ser uno ladrón;
           que tino trate de ahorrar
           por cuenta lo que otro debe,
           y que no ladrón se lo lleve
           sin trabajo y sin contar;
           pero no son cosas estas
           que dan descanso y buen nombre,
           porque al fin, al fin un hombre
           lo viene a llevar a cuestas;
           que a una dama que blasona
           de estafar a uno y a dos
           la roben, vaya con Dios,
           qué también esta es ladrona;
           el criado que en ocasión
           provechos llama a la sisa,

a este déjenle en camisa,
que también este es ladrón
al que dice muy legal,
muy mesurado de prosa,
a mí basta cualquier cosa,
déle uced al oficial
que lo hizo con afición
y lo trabajó muy bien,
a este róbenle también,
que también ese es ladrón
pues ¿cómo Camacho ordena
si yo no lo merecí,
quitarme en mi pliego a mí
los ciento y una cadena?
pues mi venganza; eran
los que han visto mi pasión
porque quien hurta al ladrón
gana el perdón del refrán;
y aunque falte a ser fiel,
me han de ver todos vengado,
para don Ramón me ha dado
Leonor aqueste papel;
y don Ramón, mi señor,
si en el caso se repara,
primero que se casara
galanteaba a Leonor,
esta en secreto me ordena,
que con él a solas quede:
no, el papeifilo no puede
llevar dentro cosa buena;
y si Berenguel me ve
que a su hermano se le doy
a escondidas, cierto estoy
que me ha de dar mi por qué;

	pues hoy vengarme querría,
	¿Camacho no me burló,
	y el pliego no me sacó
	de la faldriquera mía?
	pues este pliego quisiera
	que la venganza me dé;
	a Camachuelo se le he
	de echar en la faldriquera;
	volverásele al traidor,
	si salen bien mis intentos,
	los cien escudos, doscientos,
	y la cadena mayor;
	ea, vengarme conviene,
	un papel me supo hurtar,
	y no papel me ha de vengar
	de Camacho; pero él viene.

(Sale Camacho.)

Camacho	Pues no se ha escondido el día
	aunque el Sol huyendo va,
	a la torre donde está
	Constanza llegar querría;
	poco a poco tengo de ir
	del mar por la hermosa orilla.
Cardona	¿Camachuelo?
Camacho	Cardonilla.
Cardona	¿Dónde vas?
Camacho	A recibir
	a don Ramón, mi señor.

Cardona	¿Quieres creerme, Camacho? que me quieres bien recelo.
Camacho	De verdad te tengo amor; deudas son estas forzosas a mi amor.
Cardona	No sino no.
Camacho	Ya sabes tú lo que yo me apasiono por tus cosas.
Cardona	Esto mucho saber quiero: si traes la bolsa contigo dame un dobloncillo, amigo
Camacho	¿Dónde tengo yo el dinero? Ea, trata de quedarte.
Cardona	Si me dejas, esto es peor. ¡Oh, lo que puede el amor! Gana tengo de abrazarte.
Camacho	Su necia amistad me enfada. ¿Yo para qué he menester su amor?
Cardona	Déjate querer, pues que no te cuesta nada.
Camacho	¡Ay que ojos míos rasgados!
Cardona	¿Qué! ¿qué! ¿los ojos me apodas?

                        ¡Qué cara! así fueran todas,
                        y hubiera menos pecados;
                        ¡Qué frente!

Camacho   Váyase o crea...

Cardona   ¿Qué cejas para ser dos?
                        Pues la boquilla, por Dios,
                        que es hermosa por lo fea;
                        ¡Pues qué barba!

Camacho   No lo deja.

Cardona   Tal harba en mi vida vi,
                        ¡Y qué bien poblada! así
                        vea yo a Castilla la Vieja.

Camacho   A mí me requiebra, ¿hay tal?

Cardona   Mejor el papel quisiera.

(Pónele el papel en la faldriquera abrazándole.)

Camacho (Aparte.)   (Él me anda en la faldriquera,
                        pero en esta no hay un real;
                        a esotro lado está el plus,
                        y así disimulo yo.)

Cardona (Aparte.)   (Esto está bueno, ya entró.)

Camacho   Vive Dios.

Una voz (Dentro.)   Esos caballos
                        afianza con las riendas

                        a esos robres, pues que va
                        a esta torre hermosa y bella,
                        adonde Constanza aguarda,
                        antes mucho que anochezca
                        hemos llegado.

Cardona   Mi amo
                        llega a la quinta.

Camacho   Agradezca
                        que viene su amo, que había
                        de darle mil coces.

Cardona   Vengan;
                        desde aquí se ve la quinta,
                        y desta playa a quien besa
                        los pies del Mediterráneo,
                        verás las naves que intentan
                        burlando la azul espuma,
                        dar las hondas a la arena.

(Sale Berenguel.)

Berenguel   No he de llegar a la quinta,
                        ya la Capitana intenta,
                        dando bordos, recoger
                        el velamen; o antes venga
                        tormenta o fiero huracán,
                        que el mar cristalino mezcla.
                        Porque volcando sus naves
                        choquen sin timón ni velas
                        con la gavia en el abismo,
                        con la quilla en las estrellas;
                        desde un balcón de la quinta

                        mira Constanza.

Cardona   Ahora entra
                    la mía.

Berenguel   Virar los buzos,
                    y como sus rayos cierra
                    el día, con verle solo
                    su pálida luz enmienda,
                    las naves distingue todas;
                    ¡Oh como los ojos cuelga
                    de sus gavias, sin que al gozo
                    ni al gusto un suspiro deba,
                    que como son aire y fuego,
                    forzoso ha de ser que tema,
                    al ver acercar las naves,
                    que los suspiros que alienta,
                    o por fuego los abrasen,
                    o que por viento los vuelvan!
                    ¿Qué hago en tener envidia
                    del que los rayos granjea
                    del Sol, que estima la vida,
                    con seguir esta belleza?
                    y sea yo la mariposa,
                    que si la luz galantea,
                    lo que yo logrando en galas
                    también lo arriesga en pavesas,
                    cuésteme tórtola amante,
                    entre lamentos y quejas,
                    fiar ternuras al prado
                    que el aire vago desprecia.
                    la clicie también imite,
                    que constante al Sol anhela,
                    y su púrpura de nieve

       o su jazmín se enrojezca;
       llama, abrasame las alas;
       Sol, tu flor amante quema;
       ave, huye de mi reclamo;
       porque seas y yo sea,
       tú, desdén de mis porfías,
       y yo, de tus rayos seña.

Cardona   Ah, Señor!

Berenguel   ¡Ah, Cardonilla!
       ¿Acá estás?

Cardona   Y no quisiera
       haber venido, por no
       oír que tan necio seas,
       que con tanta fuerza des
       en amar desta manera,
       sabiendo tú que estas cosas
       más quieren maña que fuerza.

Berenguel   Camacho, ¿también veniste?

Camacho   A recibir a su Alteza
       el Príncipe, mi señor,
       he venido.

Cardona   Si deseas
       saber a lo que he venido...

Berenguel   Di lo que quieres y esperas.

Cardona   Yo he comido de tu pan
       y de tu palo, y es fuerza

	aunque han sido más los palos que los panes, que ahora sepas, que el traidor de Camachuelo ha dado tan mala cuenta de sí, que ha dado...
Berenguel	Di en qué.
Cardona	En ser corredor de oreja.
Berenguel	¿Qué oficio es?
Cardona	Un zurcidor.
Berenguel	¿Vale algo?
Cardona	Toda esta hacienda es cuartas partes de gente que con no ser de la Iglesia obispan poco en naranjas, teniendo idas de su renta; pero vamos ahora al caso.
Camacho	Cardonilla acá se llega a hablar a su amo en secreto.
Cardona	Sabe que Leonor...
Berenguel	¿Qué esperas?
Cardona	Le dio un papel a Camacho, yo no sé para quién sea, pero sé que es de Leonor; y que ahora no viniera,

	a no ser para su amo Don Ramón, con tanta priesa a recibirle a la playa, aunque su hermano sea.
Berenguel	¿Viste tú que se le diese?
Cardona	Por estos ojos; por señas que después de recibirle se le echó en la faldriquera.
Berenguel	¿Camacho?
Camacho	Señor, ¿qué mandas?
Cardona	Si has de averiguarlo, empieza por mí.
Berenguel	¿Deseo saber cuál es de los dos quién lleva de doña Leonor, mi esposa, un papel sin mi licencia?
Cardona	Yo no le tengo, Señor, no me hables de esa manera, que aunque mi madre fue olla, yo no he sido cobertera.
Berenguel	¿Pues quién te tendrá?
Cardona	Alvarado tiene los papeles.
Berenguel	Llega,

	Cardonilla.
Cardona	Señor...
Berenguel	Yo he de ver las faldriqueras.
Cardona	Lleve el diablo quien le tiene.
Camacho	Amén.
Cardona	Ya yo saco fuera. mis alhajas.

(Sacan naipes.)

Berenguel	Sea presto.
Cardona	Mi rosario.
Berenguel	¿En este rezas?
Cardona	Este es rosario del diablo mas también tiene sus cuentas.
Berenguel	¿Qué es esto?
Cardona	Tabaco en hoja, para sacarme las flemas con que te sufro.
Berenguel	¿Qué más?
Cardona	La bolsa en pelo, más ella

será de Judas.

Berenguel   ¿Camacho?

Camacho   ¿Qué es lo que me mandas?

Berenguel   Muestra
lo que traes.

Camacho   Traigo a este lado
el bolsillo y la cadena.

Cardona   Por cierto que es como un oro.

Camacho   El lienzo y la tabaquera,
los guantes...

Cardona   Hele.

Berenguel   ¿Qué es esto?

Cardona   ¿Qué papel es este?

Camacho   Espera,
será alguna carta.

Cardona   Ahora
llevará el porte.

Camacho (Aparte.)   (Que fuera.
que Cardona me engañara,
y que cuando...)

Berenguel   Aquesta es letra

	de Leonor.
Camacho (Aparte.)	(Me daba abrazos, me echara en la faldriquera el papel.) Señor, señor, oyeme.
Berenguel	Tate la lengua.
Cardona	¿Adónde dicen que...?
Camacho	Pero sepa, Señor, vuestra Alteza...
Berenguel	Ya sé que sois un traidor.
Camacho	Que fue Cardona.
Cardona	A mí me echa la culpa, trayéndole él...
Camacho	Señor, ¿si hablar no me dejas, cómo has de saber?
Berenguel	¿No he visto qué letra es?
Cardona	¿Agora, amigo, que le ha traído lo niega?
Berenguel	Callad entrambos, callad.
Camacho	¿Que fuese yo tan gran bestia, que me dejase engañar?

Cardona	Señor, ¿un hombre con esa cara, para qué es tan fácil?
Berenguel	Leer quiero el papel.
Cardona	Empieza.
Berenguel	«Vuestra Alteza se fue sin cumplir «la palabra que me dio, dejando tan «desairado mi ruego con su fineza, hoy, «que es mayor el peligro será mayor «la queja, sí deja de favorecer a quien «tanto ha debido: el odio de mi espo- «so Berenguel nunca es menos, y mi «amor, como dije a vuestra Alteza, «siempre es más; y pues él desea ca- «sarse con la señora Constanza, solo «con que vuestra Alteza abrevie el pla- «zo a sus disposiciones, logrará su de- «seo, y yo mi amor; y pues en la dila- «ción aventura vida y honra, débale yo «que mire por mi amor, ya que no se «acuerda de mí. —Guarde el cielo a «vuestra Alteza.»

Agora para que el dolor
mío a derramar se atreva
de mi hermano y mi enemigo
la sangre, primero estrena
su voracidad en mi,
que en toda el alma se ceba.
agora que este papel
ha ajustado las sospechas

de mis celos, pues yo vi
verter a mi esposa mesma
al partir de don Ramón
lágrimas; os digo que eran
de amor, que los ojos brotan,
y los suspiros anhelan.
a mi padre le encargó
al partir (¡oh lo que acuerda
la venganza!) que cuidara
de Leonor, al tiempo que ella
con equivocas razones
daba limitadas quejas;
que desta vez toca en celos,
y en estimación aquella.
primero que se casase
conmigo; ¡ah, no le acontezca
a esta potencia enemiga
de la memoria hacer prueba
de mi ira echando culpa
a mí adoracion por ciega!
Para su muerte bastaba
mi envidia y ver que penetra
cabales todos los rayos
del Sol de la Infanta bella;
celos de amor y de honor
siento en el alma, y apenas
de los dos distinguir puedo
que celos más me atormentan:
los de Constanza, que espero
que mía algún tiempo sea,
o los de Leonor, que es mía,
aunque haya de ser ajena.
¿Camacho?

Camacho Señor.

Cardona Ahora
es ello.

Berenguel Sacarle es fuerza
deste camino; en llevar
este papel, porque veas
que no haserrado, te quiero
dar esta sortija.

Cardona Espera,
señor, que fui yo el que truje
el papel.

Camacho ¡Que ahora quieras
negar que yo le he traído!

Cardona Señor...

Berenguel Calla.

Cardona Con la mesma
que yo le di me ha pagado;
yo Men pensé que esta fiesta
fuera de estafermo, y solo
fue de sortija. ¡Que quieran
los diablos, que mis ardides
todos contra mi se vuelvan!
¡Oh, ladrón, plegue a los cielos,
que cuando el diamante vendas
te le venda un corredor!

Camacho ¿Dónde mi amo nos lleva?

Berenguel	Aquí estamos apartados.
Cardona	¡Si pesares la cadena, la peses por castellanos, porque no entiendas las pesas! ¡Détengan: de jugar los cien escudos, que apenas los habrás jugado, cuando perderás, aunque no pierdas
Berenguel	Villano...
Camacho	¿Señor, qué haces?
Berenguel	Pagarás desta manera tu delito.
Camacho	Yo, señor.
Berenguel	Calla traidor.
Cardona	Este pega.
Berenguel	A un roble de esos le ata las manos.
Cardona	Lo que es por cuerda no quedara.
Berenguel	A mí no importa que éste no vaya a dar cuenta a mi hermano.

Camacho	Tú, Cardona, me atas de otra manera.
Cardona	La razón ata las manos.
Berenguel	Tú en tanto, con él te queda, para que algun pasajero no le desate. Ya suenan los clarines, aunque el Sol sobre los mares se acuesta del Occidente: a la escasa luz, que penetrar se deja, la galera capitana ha dado fondo: ya entra en el esquife mi hermano: ya el Marqués Alberto llega a recibirlo, llevando a remo barca ligera, en que se juntan, y ya vuelven a la orilla nuestra. Entre estas ramas oculto busco ocasión, en que pueda aprovechar el acero; negra noche pues te precias de aconsejarle venganzas a la pasión, sal más negra.
(Vase.)	
Camacho	Desátame, pues se ha ido tu señor.
Cardona	Harto me pesa de no tener gana; pero

| | ya que el diablo no me tienta
a desatarte, por ti
quiero hacer una fineza.
la cadena he de quitarte. |

| Camacho | ¿Esa es la fineza? |

| Cardona | Esta;
¿Pues no es lo mismo quitarte
la prisión que la cadena?
Quedate con Dios, Camacho;
sabe Dios lo que me pesa
dejarte ahora al sereno,
más eso no te dé pena,
que por eso entra la noche
muy mala: así, no quisiera
que te roben el dinero
en este camino, deja
que te guarde como amigo
los cien escudos siquiera,
que como en la bolsa están,
se entren en mi bolsa. |

| Camacho | Espera,
y desátame, supuesto
que los llevas. |

| Cardona | Eso fuera
desatarte tus doblones;
así, dame aquella piedra,
te la llevaré a tasar. |

| Camacho | Déjamela, que es pequeña. |

Cardona   Pues ahora bien, yo te quiero
                            dar otra mayor por ella,

(Échale una piedra muy grande.)

                            Toma, adiós. Así, Camacho.

Camacho   ¿No desatas?

Cardona   ¿No te acuerdas
                            cuantos mojicones fueron
                            los que me diste?

Camacho   ¿Qué intentas?

Cardona   Pues me llevo lo que es mío,
                            yo tengo buena conciencia,
                            y quiero volverte todos
                            tus mojicones por fuerza;
                            toma, uno no es ninguno,
                            dos, ¿te acuerdas bien los que eran?
                            Que yo no quiero quedarme
                            con cosa que tuya sea,

Marqués (Dentro.)   Ningún soldado basta el alba
                            desembarque, llega a tierra
                            el esquife.

(Sale Ramón, y cae al salir, y el Marqués.)

Ramón   El Marqués solo
                            me acompañe.

Marqués   ¿Vuestra Alteza

	se ha hecho mal?
Ramón	No me hice mal.
	no me recibe la tierra
	con agasajo.
Marqués	Al revés
	lo entiendo, que antes se alegra;
	pues porque le des los brazos
	ahora tropezaste en ella.
Ramón	¿Dónde dices que me aguarda
	mi esposa Constanza?
Marqués	Hasta esta
	torre vine a acompañarla,
	y está esperándote en ella.
Ramón	¿Mi padre no me salió
	a recibir?
Marqués	No le dejan
	los achaques.
Ramón	Noche oscura.
Camacho	¡Berenguel!
Marqués	Entre estas peñas
	se oye una voz.
Ramón	Poco el viento
	me halaga y me lisonjea,
	con el nombre de mi hermano

	me ha recibido.
Marqués	No crea al oído, la aprensión todo es imágenes ciegas, ella es la que te ha engañado
Camacho	¿Desta manera te vengas de quien no te ofende?
Ramón	Todo con mi temor se concierta; pues dice esta voz confusa, que el corazón me penetra, viendo que es solo mi hermano el que mi muerte desea...
Camacho	De aquel que no te ha ofendido, Berenguel, ¿por qué te vengas?
Ramón	¿En qué torre me decías, que queda Constanza?
Marqués	En esta.
Ramón	La noche entró tan oscura, que le temido.
Camacho	¡Oh, muerte, llega!
Ramón	La muerte me sale al paso, y pensé que amor saliera, pero en saliendo el amor es como la muerte mesma.

| | ambos matan, solamente
él y ella se diferencian,
que uno da el dolor suave
y otro la herida sangrienta. |
|---|---|
| Marqués | Amor saldrá a recibirte,
si ahora en la torre entras
donde te espera la Infanta. |
| Ramón | El cielo he de ver en ella.
Vamos. |
| Camacho | Berenguel me ha muerto |
| Ramón | Primero quiero que sepas,
aunque el amor me lo riña,
de aquel monte, que voz tierna
se escucha sobre la falda
que obediente el mar se lleva. |
| Marqués | Nada la vista distingue,
y cuanto dudar se deja
son para mis ciegos ojos
bultos que el temor inventa. |
| Ramón | Voz que al oído te guíe,
ya que a la vista no pueda,
tú por esta parte puedes,
en tanto que yo por esta
registro el monte, ver si antes
que yo en la florida yerba
hallas quien causa esta voz,
que tanto a mí oído cuesta. |

Marqués   Sea así.

Ramón   Voy por esta parte.

Marqués   Pues para que no me pierdas
                con lo escuro, daré voces
                desde donde esté.

(Vale.)

Ramón   Quisiera
                atender por esta parte,
                por ver si aves agoreras
                escucho, que solo cantan
                si a llorar la noche empieza.
                Un can se oye, y son dos canes
                los que mi oído molestan,
                uno que en el monte late
                y otro que en el eco suena.
                Hacia allí se desvanece
                una exhalación, que piensa
                el alto Monjuí que es rayo,
                y la vista que es estrella.
                a mi dicha se parece,
                que en exhalación empieza
                a arder como astro, y después
                fallece como centella.
                Contra la tierra el mar se ha enojado
                del viejito que la irrita aconsejado;
                pero ya el mar desmaya,
                porque ese monte le ha tenido a raya.
                Ya no se oye la voz que antes se oía,
                confióse al aire, él la perdería:
                no se pueden fiar del viento airado

las voces que pronuncia un desdichado.

(Vase.)

(Sale Constanza en la torre con una hacha.)

Constanza   Cuando esperaba a don Ramón, mi esposo,
                  en el monte fragoso
                  confusa voz oyó mi oído incierto
                  que al viento dice: «Berenguel me ha muerto»;
                  y aunque mi oído no lo ha percibido,
                  el corazón parece que lo ha oído;
                  si acaso con la noche no ha acertado,
                  mi esposo, que la noche ha equivocado
                  con las sombras el tino.

(Sale Berenguel.)

Berenguel   Aquella antorcha me enseñó el camino,
                  porque ya a Barcelona me volvía
                  amenazado de la noche fría.

Marqués (Dentro.) Don Ramón.

Camacho   Ya murió mi confianza.

Constanza   Y ya mis ojos el temor alcanza,
                  bien que me animo en vano,
                  pues en el monte cano
                  con lástimas veloces:
                  Don Ramón ya murió, distintas voces,
                  pues bajar a la playa determino.

(Vase.)

Berenguel   Dos voces escuché, y una imagino
que es del Marqués, la otra del criado,
que a este árbol esta noche dejé atado,
pues porque ahora mi dolor aliente
ha de morir.

(Sale el Marqués.)

Marqués   Ah, don Ramón.

Berenguel   Detente.

Marqués   ¿Quién es?

Berenguel   Soy Berenguel.

Marqués   Templóme en vano.

Berenguel   ¿Qué buscas?

Marqués   A tu hermano
busco, que entre estas ramas le he perdido,
lastimosa una voz, que le ha movido
a requerir el monte; agora llego
a ver si le encontrase.

Berenguel   Volveos luego.

Marqués   El Conde, mi señor, me lo ha ordenado...

Berenguel   Haced agora lo que os he mandado

Marqués   Que le acompañe.

Berenguel	Yo iré a acompañarle.
Marqués	Es forzoso llamarle, y no es razón que siendo vos su hermano...
Berenguel	Pues, vive Dios, villano, sabiendo vos que tanto os aborrezco, si me contradecís...
Marqués	Ya os obedezco.
(Aparte.)	(Desde la torre con la voz prosigo, que como Berenguel es su enemigo, temo que para darle injusta muerte la ocasión con la envidia lo concierte.)
(Vase.)	
Berenguel	Porque no haya quien sepa mi cuidado desatar es forzoso este criado.
Camacho	¿Quién es, quien a mi voz compadecido?
Berenguel	Yo soy quien te desata.
Camacho	Si has venido a darme muerte, solo decir puedo, que jamás te he ofendido.
(Habla alto.)	
Berenguel	Habla más quedo; vete, Camacho.

Camacho   Voime a Barcelona.

(Vase.)

Cardona   Ha, Señor.

Berenguel   Esta voz es de Cardona,
                ¿Qué quieres?

Cardona   Que me digas donde vamos.

Berenguel   Escóndete en lo espeso de esos ramos.

Cardona   Más adelante un paso dar no puedo.

Berenguel   ¿Miedo tienes?

Cardona   A mí me tiene el miedo.

Berenguel   Hazme espaldas agora en este prado.

Cardona   No quiero, que es hacerte corcovado.

Berenguel   Pues no te alejes.

Cardona   De irme lejos trato,
                tú me hallarás si tienes buen olfato.

(Dentro.)

Marqués   ¿Don Ramón?

Ramón (Dentro.) Por acá, Marqués amigo.

Berenguel	Por esta voz me sigo.
Marqués	Guárdate de tu hermano.
Berenguel	Vive el cielo, villano, Que el castigo has de ver de aquesta suerte.

(Va hacia donde está don Ramón, y sale, y quítale la espada, y arrójala, y dale con la daga.)

Ramón	¿Pues qué intentas, hermano?
Berenguel	Darte muerte.
Ramón	Berenguel, amigo, hermano, ¿Cómo una sangre que es tuya derramas?
Berenguel	Indigno, muere.
Ramón	¿Dime qué agravio o injuria te he hecho yo, o por qué me has dado la muerte?
Berenguel	¿Para qué buscas más razones a mi ira, si tú mismo a ti te acusas? honor y celos te matan.
Ramón	¿Marqués?
Berenguel	Es la causa justa.
Ramón	¿Constanza?

Berenguel   Aún no sale el Sol.

Ramón   ¿Soldados?

Berenguel   Nadie te escucha.

Ramón   Pues ya hermano...

Berenguel   No me llames
hermano.

Ramón   Que en mi ejecutas
tu crueldad, solo te ruego...

Berenguel   Nada esperes que te cumpla.

Ramón   Que me perdones.

Berenguel   Así
confesando estás tu culpa;
no te perdono.

Ramón   Yo sí
te perdono.

Berenguel   Ya no pulsan
tus tibias venas, y como
es la noche tan oscura,
distinguir es imposible,
por ser poca o por ser mucha
si sangre que el alma vierte,
o se enrojece o se azula;
todo el cielo me parece,

que me amenaza, trasuda
el corazón, y sus alas
las abate y no las junta.
Esa montaña parece
que cae sobre mí, esas grutas
a mi error servirle quieren
de silvestre sepultura.
¡Quien de sí mismo pudiere
huirse! mas de la ruda
arena quiero cubrir
mi delito, y no mi culpa.
Cubrir el cadáver quiero
de arena, y sobre ella algunas
peñas, en tanto que salen
a lisonjearme por duras.
destos árboles intento
cubrir el cadáver; rudas
ramas de las hojas verdes,
hacedle frondosa urna.
¿Qué me quiere el cielo? ¿El centro
para que le dificulta
sendas a mi planta? ¿El aire,
por qué de horrores se enluta?
¡Oh, nubes agora densas!
¡Oh, estrellas tan presto oscuras!
asústame la tiniebla,
aquella luz me deslumbra,
todo a un tiempo me amenaza,
y todo a un tiempo me alumbra,
agora en esta ocasión,
porque el Sol no se descubra,
sobre el cadáver pusiera
todo ese monte por urna.

(Vase.)

(Sale la infanta con un hacha.)

Constanza   Hacia esta parte he escuchado
varias voces, y confusas,
si no ha sido que el temor
no las oye y las anuncia.
Y aquí se ve de la sangre,
que de esas peñas resulta,
una vez el mar sangriento,
la arena dos veces rubia.
¡Salpicadas de coral
están las hojas, qué mustias!
La verde yerba, las flores
en sus bonetes se arrugan.
Entre estos ramos agora,
bien la vista no lo duda,
yerto un cadáver distingo,
sepultado en verde urna.
Fiar esta antorcha quiero
a este árbol, porque descubra
quién de corales repito
lo que del viento se enjuga.
¡El cielo me valga! ¡Esposo,
ya salieron desta duda
mis ojos, pues salga ahora
el alma de su clausura!
¿Quién ha quebrado su espejo
a mis ojos? ¿Cuál injusta
mano ha abierto tantas bocas
al alma con una punta?
¿Montes, del Sol centinelas,
no avisarais esta injuria?

Mas, ¿qué importa que seáis
centinelas, si sois mudas?
¿Estrellas, árbitros bellos,
de cuanto el Autor alumbra,
para qué es la favorable,
si hay después esta fortuna?
Cayóseme de las manos
el cristal, toda la lluvia,
por ser ibucha, ha deshojado
la flor, que a vivir madruga.
Luz, por quien vieron mis ojos,
¿Quién te apagó? Nave surta
en el puerto del amor,
Ya en el abismo fluctúas.
Buscar por el monte quiero
quien te dio muerte.

(Sale el Marqués con un hacha.)

Marqués   ¿Qué buscas?

Constanza   ¿Qué hay, Marqués?

Marqués   ¡Grave dolor!

Constanza   Mi esposo es muerto.

Marqués   ¡Qué injuria!

Constanza   Y voy a buscar...

Marqués   Espera.

Constanza   A quien le dio muerte.

Marqués	Escucha.
Constanza	Para vengar...
Marqués	No es posible.
Constanza	Esta ofensa.
Marqués	Tarde juzga, que puedes tomar venganza.
Constanza	Marqués, ya que no me ayudas, no me estorbes; ¿quién le dio sangrienta muerte?
Marqués	¿Eso dudas?
Constanza	Dilo presto.
Marqués	Berenguel, El Caín de Cataluña.
Constanza	¡Cruel hermano!
Marqués	¡Infeliz padre!
Constanza	Pues yo intento...
Marqués	Tú te buscas tu muerte.
Constanza	Con este acero...

Marqués ¿Qué intentas?

Constanza Vengar mi injuria.

Marqués Mira que...

Constanza No me aconsejes.

Marqués Yendo a buscarla, aventuras
tu honra.

Constanza ¿Por qué mi honra?

Marqués Porque no estará segura
de quien a su mismo hermano
dio una muerte tan injusta.

Constanza ¿Quién me vengará?

Marqués Su padre.

Constanza ¿Dónde iré?

Marqués Otra vez te oculta
en esta torre.

Constanza ¿Y en ella
qué he de hacer?

Marqués Que tu hermosura
no le ocasione a tu ofensa.

Constanza ¡Grave dolor!

Marqués	Suerte dura!
Constanza	¿Qué haces?
Marqués	Dar a este cadáver más decente sepultura.
Constanza	Pues esposo, al cielo ofrezco...
Marqués	Príncipe, mi amor te jura...
Constanza	Que no me halle el claro Sol...
Marqués	Que ese planeta que alumbra, no me encuentre con sus rayos...
Constanza	Que sea la tierra dura mi lecho...
Marqués	Que solamente luto funesto me cubra...
Constanza	Fue viva solo del llanto, fue de mis ojos resulta...
Marqués	Que me sirva de aliento mi dolor...
Constanza	No buscar nunca alivio al mal...
Marqués	Que sea el llanto quien por el consuelo supla...

Los dos   Esta que me vengue el cielo
           del Caín de Cataluña.

           Fin de la segunda jornada

Jornada tercera

Conde   ¿Hablad, que venís turbado?

Marqués   ¡Ay, dolor! ¿Qué le diré?

Conde   Ea, Marqués, decidme ¿a qué
                         os habéis adelantado?

Marqués   A daros cuenta venía...

Conde   Si es de que desembarcó
                         don Ramón, ya lo sé yo;
                         porque en todos la alegría,
                         me da a entender que ha llegado.

Marqués   La tristeza en todos di.

Conde   Ya yo he visto desde aquí
                         Todo el pueblo alborotado.

Marqués   Solo desde aquí, Señor,
                         se oye el común sentimiento.

Conde   Muchas veces el contento
                         habla al tono del dolor;
                         contadme, por vida mía,
                         puesto que Ramón llegó
                         a qué hora desembarcó.

Marqués   Anochecido sería
                         cuando llegamos los dos:
(Aparte.)   (Pero ¿ya para qué quiero
                         darle esta nueva?)

Conde   Y primero
¿Por quién preguntó?

Marqués   Por vos.

Conde   ¡Oh, qué hijo! en manos del gozo
canas y cuidados dejo,
y luego dirán que un viejo
no puede volverse mozo;
su obediencia maravilla.

Marqués   Llegó la barca ligera
a la torre, adonde espera
Constanza, y cayó en la orilla.

Conde   ¿Pues no me dices, Marqués,
por qué me quieres mezclar
un gusto con un azar?

Marqués   Antes eso es al revés,
que porque en esta ocasión
no os mate el que os vengo a dar,
os quisiera acostumbrar
a sustos el corazón.

Conde   Hablad de una vez, Marqués,
acabad.

Marqués   Estoy mortal.

Conde   No puede ser mayor mal,
que el que yo pienso que es.

Marqués	Salió Constanza...
Conde	¡Ay dolor! Ya todo el valor desmaya.
Marqués	A recibirle a la playa.
Conde	¿Y no le habló?
Marqués	No, Señor, Pero háblole la señora Constanza con solo el llanto.
Conde	Mirad, esto no me espanto, la alegría a veces llora.
Marqués	Berenguel (yo he de morir) a recibirle salió.
Conde	¿Pues no le mandé que no le saliese a recibir? Temeroso el corazón a los ojos se ha asomado, ¿Y agora dónde has dejado a mi hijo? ¡Fuerte poción!
Marqués	Déjele...
Berenguel (Dentro.)	¡Oh pueblo villano!
Marqués	Aquí sale Berenguel, preguntadle vos a él adonde queda su hermano.

(Sale Berenguel.)

Berenguel ¿Contra mí el pueblo se junta?
           ¡Oh, villanos! ¿contra mí?

Conde   ¿Qué te quiere el pueblo a ti?

Berenguel Por mi hermano me pregunta.

Conde   Dime a mí donde quedó,
           que así el pueblo se asegura;
           ¿Dónde quedó?

Berenguel   ¿Por ventura,
           Señor, soy su guarda yo,
           que me preguntáis por él?

Conde   ¡Hola!

Berenguel   ¿Soy su guarda yo?

(Vase.)

Conde   Esto Caín respondió
           Cuando dio la muerte a Abel;
           pues ¿cómo, cielos, sabré,
           para que templarme pueda,
           adonde mi hijo queda?

(Sale Constanza.)

Constanza Yo, Señor, te lo diré,
           si puede desdicha igual
           repetirse del dolor.

Conde	El mal va siendo mayor, que da las señas del mal; ¡Tú con luto! declarado está el mal que se recela.
Constanza	Un luto es que de la tela del corazón he cortado.
Conde	No me mate por prolijo mal que a mis ojos alcanza; ¿Murió tu padre, Constanza?
Constanza	No Señor, murió tu hijo.
Conde	¿Don Ramón?
Constanza	Acero cruel tiñó de su sangre el prado, triste yo...
Conde	Yo desdichado; ¿Quién le mató?
Constanza	Berenguel por mi mal y por mi suerte.
Conde	Hijo traidor y tirano, a tu padre y a tu hermano has dado a un tiempo la muerte.
Constanza	No tuvo mayor crueldad Caín de Dios aborrecido; Señor, justicia te pido

(Sale Leonor.)

Leonor Y yo te pido piedad.

Constanza Del que a tu hijo mató,
la pido.

Conde ¡Ay dolor prolijo!

Leonor Piedad, Señor, que es tu hijo,
el que a tu hijo mató.

Conde Leonor,¿a qué habéis venido,
a templar mi indignación?
¿No es mi hijo don Ramón?

Leonor Vuestro hijo Ramón ha sido.

Conde Pues si le mató el tirano
Berenguel, quiero saber
¿Cómo mi hijo ha de ser
el que no ha sido su hermano?

(Sale el Marqués.)

Marqués Gran Conde de Barcelona,
aunque no pensé volver
a mover vuestras piedades
a llanto segunda vez,
el más extraño suceso
oíd, que al tiempo después
han de copiar las finezas
del buril y del pincel.

| | Ya sabéis que a don Ramón
dio la muerte Berenguel,
su hermano.

Conde | No le mató
su hermano, su envidia fue,
que siempre apuntó la envidia
a lo más alto que ve.

Marqués | A las faldas del Monjuí,
todo lo noble a traer
a la ciudad el cadáver
salió esta noche; juzgué
que traerle no podía
a Barcelona, porque
la admiración de los ojos
también se pasó a los pies.
A ese Templo de María
le condujeron, después
de haber armado el cadáver
con las insignias de Rey.
pero al querer empezar,
como uso y costumbre es,
el Oficio de difuntos
con santa y devota fe
de Lérida el santo obispo,
y todo el clero con él,
en vez de cantar el Salmo
De profundis, escuché,
sin que ningún sacerdote
se pudiese detener,
que a una voz conformes todos
cantaban...

Conde Decidme qué.

Marqués ¿Ubi est Abel frater tuus?
iCaín, dónde quedó Abel!

Conde ¿No me basta mi dolor,
sino que agora también
me vengáis a lastimar
el alma? pero diréis,
que es piedad, pues con matarme
me la quitáis de una vez.
¿Dónde Berenguel se ha ido?

Marqués Por esas calles tras él
viene el pueblo dando voces.

Constanza Ya vuelve segunda vez
a tu palacio.

Marqués A las voces
de vuestro pueblo atended.

Todos (Dentro.) Berenguel ¿adónde queda
tu hermano?

(Sale Berenguel.)

Berenguel ¿Pues yo sé dél?
¿Soy yo su guarda? Mi padre
¿qué es lo que quiere? También
tú, Leonor, ¿qué me persigues?
Constanza, ¿qué me queréis?
¿Acaso soy yo la guarda
de mi hermano? No sé dél.

Conde   Marqués, quitadle las armas,
                 y en la torre le poned
                 de palacio.

(Quítale el Marqués la espada.)

Berenguel   ¿Contra mí
                 mi padre?

Conde   Caín cruel
                 de Cataluña, no soy
                 tu padre, que soy tu rey;
                 hoy verás...

Berenguel   ¿Soy yo la guarda
                 de mi hermano? No sé dél.

Conde   Tu castigo; esa cartera
                 me dad.

Marqués   Aquí la tenéis.

(Dale una cartera con todo recado, y escribe.)

Conde   Vos, Constanza, ¿qué pedís?

Constanza   Justicia, o la pediré
                 al cielo de vos; pues vos
                 las veces de Dios tenéis.

Conde   ¿Vos pedís...?

Leonor   Misericordia

	Pido, Señor, a tus pies.
Berenguel	No quiero misericordia.
Conde	Ni yo de vos la tendré.
Berenguel	Muera yo como Caín y por hierro.
Constanza	¡Qué cruel!
Berenguel	Más sangrienta me despida mejor flecha otro Lamec.
Conde	Este decreto llevad A mis Conselleres, que es para que sentencien ellos, si justicia se ha de hacer de quien tan grande delito cometió; vos llevaréis al arzobispo y obispo...

(Da un papel a una, y otro a otra.)

Marqués	¡Qué atención!
Conde	Este papel; el eclesiástico brazo me responda si podré justamente perdonar; uno y otro parecer quiero ajustar, y conforme lo más justo, obrar después; Ea, vaya a la prisión.

Constanza	Justicia, cielos.
Leonor	Tened piedad, cielos soberanos, de una infelice mujer.
Berenguel	Denme los cielos castigo.

(Llévanle.)

Constanza	Venganza el cielo me dé.

(Vase.)

Conde	¡Un hijo, de dos que tuve, dio al otro muerte cruel; y para vengar al uno dos hijos he de perder!

(Salen soldados con arcabuces, Cardona y Camacho presos.)

Soldado 1	Muera el fratricida injusto; todos desde aquí podéis pedir justicia.
Todos	Justicia contra el que errado y cruel cometió un delito contra la humana y divina ley.
Soldado 1	A la torre en que está preso entremos todos, y en él tomemos justa venganza.

Todos   Muera Berenguel.

(Sale el Conde.)

Conde   Tened
hijos, vasallos, amigos,
¿A dónde vais?¿Qué queréis?

Soldado I   Todos a pedir justicia
venimos.

Conde   Soy vuestro rey.

Soldado II   Conde eres de Barcelona.

Conde   Creed, que castigaré
al ingrato fratricida.

Soldado I   Tú, su padre, ¿has de verter
su sangre?

Conde   Vasallos míos,
de un hijo malo enfermé,
y la buena sangre sola
me han sacado de una vez;
Berenguel es la otra sangre
hijos, yo me sangraré,
y con sacarme la mala
volveré a convalecer.

Soldado I   Ser juez y padre a un tiempo
no conviene.

Conde	Decís bien; pero yo no he de ser padre el día que fuere juez.
Soldado I	A los pies de tu justicia, todos queremos poner nuestra venganza.
Conde	Este peso con dos balanzas haré de mis dos brazos: en una la piedad pienso poner, y en la otra la justicia.
Soldado II	Pues mirad...
Conde	Ya ¿qué tenéis?
Soldado I	Que en ajustándose el peso no le pongáis por fiel el corazón, que se irá hacia la piedad después.
Conde	Si a la balanza se fuere de la piedad, cargaré el odio que tengo a este y el amor que tuve a aquel en la distante balanza, porque puestas a un nivel, pueda el corazón entonces dejarse llevar mas bien del dolor del que ha perdido, que del que puede perder.

Soldado II	Pues porque veáis que todos queremos que castiguéis el delito, este criado cómplice dicen que fue en la muerte, y le traemos a que el castigo le deis.
Conde	Al Veguer mayor se entregue.
Cardona	Señor, lleven al Veguer a éste, que cómplice ha sido.
Camacho	Señor, éste fue el que fue de ayuda.
Cardona (Aparte.)	Yo sí de ayuda (Este me debió de oler.)
Conde	Hijos, yo os haré justicia.
Soldado I	Pues repetid todos.
Soldado II	¿Qué?
Todos	Que el conde de Barcelona Viva, y muera Berenguel.
(Vanse.)	
Conde	Vulgo, desbocada fiera, con quien el ejemplo priva, si has de obligarme a que viva, déjame también que muera. ¿Hola?

(Sale el Marqués.)

Marqués ¿Señor?

Conde ¡Ay dolor!
Oh, Marqués, ¿ya habéis llegado?
¿En la torre habréis dejado
a Berenguel?

Marqués Sí, Señor;
para ponerle en prisión
los nobles me acompañaron,
tus Conselleres mandaron
tomarle la confesión,
y me deja enternecida
el alma, que a un inocente...

Conde Llegad ahora en que me siente,
(Siéntase.) Cansado estoy de la vida.
¿Qué ha confesado?

Marqués Una cosa
que al principio dio recelos.

Conde ¿Qué?

Marqués Que le mató por celos
de doña Leonor, su esposa,
y al Consejo dio un papel
suyo, y ya se ha comprobado
con Leonor; y han declarado
que no hay delito en él,
antes solo a su deshonra

	ha tenido confianza.
Conde	La ira por su venganza
	quitará su propia honra.
Marqués	Ya el Consejo a promulgar
	la sentencia ha de atender;
	Constanza la ha de traer,
	y vos la habéis de firmar.
Conde	No será sentencia pía
	si está probado el delito.
Marqués	Y el obispo, por escrito
	su parecer os envía,
	Leonor la traerá después,
	vuestra piedad es forzosa,
	aunque el delito...
Conde	Una cosa
	quiero encargaros, Marqués;
	el pueblo honrado y fiel,
	porque a piedad no me obligue,
	me ha pedido que castigue
	a mi hijo Berenguel;
	y si no arguye malicia,
	es una lealtad muy fea
	juntarse el pueblo, aunque sea
	para pedirme justicia;
	y así desde luego os mando...
Marqués	Ya yo espero que me deis
	la orden.

Conde   Que castiguéis
                   a la cabeza del bando;
                   guardas de satisfacción
                   poned vos de vuestra mano,
                   porque ningún ciudadano
                   pueda entrar en la prisión,
                   y en los jardines primero
                   se pongan.

Marqués   Así se hará.

Conde   Porque por ellos podrá
                   saltar el pueblo, y no quiero
                   que se atrevan, confiados
                   de que su muerte conviene.

(Sale Constanza.)

Marqués   La infeliz Constanza viene
                   a hablarte.

Conde   Llegue Constanza.

Constanza
(Dale un papel.)   Esta la sentencia es
                   que vuestro Consejo ha dado.

Conde   ¡Cielos! ¿qué habrá sentenciado?
                   Idme leyendo, Marqués,
                   esa sentencia. ¡Ay de mí!

(Dale el papel.)

Marqués   Vuestra Alteza no podrá...

Conde	El llanto me cegará. ¿Cómo dice?
Marqués	Dice así.

(Va a leer el Marqués, y atájale.)

Conde	Tened, Marqués, que imagino que entró Leonor, y así intento...
Marqués	¿Qué queréis?
Conde	Cobrar aliento para andar este camino.
Constanza	Ved primero, que el rigor De la justicia conviene.

(Sale Leonor.)

Leonor	La misericordia viene En este papel.
Constanza	Señor...
Conde	Yo os daré satisfacción: no desconfíes, Constanza,
Constanza	Mal puede ir a la venganza quien descansa en el perdón.
Conde	Dadme ese papel a mí, que solo te quiero ver.

Constanza	¿Cómo ese puedes leer, y este no pudiste?
Conde	Así de un cristal son los antojos que uno se empieza a probar, con unos puede mirar, con otros ciega los ojos; pues pruébese mi temor a los ojos este día, las lágrimas de alegría y las que vierte el dolor; y al cristal vendrá a imitar, pues en el propio momento verá con los de contento, y no con los de pesar; mas primero, para que estén mejor prevenidos mis ojos con mis oídos, leed vos y yo leeré.
Marqués (Lee.)	«Nos, deputados y consilleres, y varones nobles, que en la junta de los Ciento somos obligados a guardar justicia, teniendo delante de los ojos a Cristo crucificado y a su bendita Madre y al señor san Josef, nuestro patrón.»
Conde (Lee.)	«El obispo de Tarragona, obispo de Lérida, Huesca y Cerdan, abades y priores, habiéndose juntado de orden de vuestra Alteza a arbitrar sobre el presente delito y culpa.»

Marqués (Lee.)	«Vistos los autos y culpa que contra don Berenguel resaltan, y por ellos parece que dio alevosa muerte al señor don Ramón (que Dios haya): viendo que nos ha dejado sin Príncipe natural, y aunque él suceda en el derecho de su hermano, es contra piedad común que se componga una corona de un delito.»
Conde (Lee.)	«Viendo que quedamos sin Príncipe que suceda en esta corona, y que vuestra Alteza es dueño de las leyes, y que las puede derogar; y considerando que no se recoge la sangre del señor don Ramón (que Dios haya), porque se derrame la que ha quedado.»
Marqués (Lee.)	«Fallamos que debe ser degollado en público teatro, liara escarmiento de príncipes tiranos, y para que sea inmortal la justicia de los catalanes.»
Conde (Lee.) (Representa.)	«Es nuestro parecer, use de «misericordia y le perdone.» Viendo y oyendo allí enojos, aquí conciertos debidos, ¿Qué fuera de mis oídos si no fuera por mis ojos? Agora queréis las dos...
Leonor	Que de esa piedad te obligues.
Constanza	Yo, que como Dios castigues, que estás en lugar de Dios.
Leonor	Si te llaman Vicedios los que en su lugar te ven, comparándote a él mas bien, su ejemplo te ha de obligar,

	que si a Dios has de imitar, has de perdonar también.
Constanza	Cuando en distintas balanzas piedad y rigor pongamos, acuérdate que llamamos a Dios Dios de las venganzas; y si a él le dan alabanzas, después sabe castigar, y así estando en su lugar te comparamos las dos al que representa a Dios, ¿Por qué no se ha de vengar?
Leonor	Sí, pero aunque Dios el nombre de Dios de Venganzas tenga, no es porque el a sí se venga, sino porque venga al hombre; pues no uses el renombre de crueldad.
Constanza	Pues oye.
Leonor	Di.
Constanza	Parécete a Dios así cuando quieras castigar, a mí me puedes vengar y no te vengues a ti: si al hombre no castigara Dios, quizá no le temiera.
Leonor	Y quizá no le quisiera si Dios no le perdonara.

Constanza	En su ingratitud repara.
Leonor	Repara en que agradecido del perdón, viene rendido a su piedad con su amor.
Constanza	Hazme justicia, Señor.
Leonor	Misericordia te pido.
Constanza	Toma esta pluma, Señor, y esta sentencia confirma.
Leonor	Toma esta, y el perdón firma.
Conde	¡Dadme piedad y valor, cielos justos!
Leonor	El amor de padre te ha de valer.

(Toma la cartera la una, y la otra aparta.)

Constanza	Justicia debes hacer.
Leonor	Misericordia te pido.
Constanza	Mira que un hijo has perdido.

(Toma la pluma.)

Leonor	Mira que otro has de perder.

Conde	¡Dios mío, vos me alumbrad pues piadoso y justiciero sois, ¿a dónde iré primero, al rigor o a la piedad? antes que hable mi crueldad, vuestra voz oír quisiera.
Voces (Dentro.)	¡Muera el que dio muerte fiera a su hermano!
Conde	¿Ya habláis vos?
Todos	¡Muera!
Conde (Va escribiendo.)	El pueblo es voz de Dios, Dios manda que mi hijo muera. Muera un hijo que tirano dio a un padre tantos enojos: más me han borrado los ojos que lo que escribió la mano; no puedo firmar, en vano, mano, tropezando vas en el papel, ¿no dirás de qué es tanta suspensión? el dedo del corazón es que estorba los demás; pues si el que me ha estorbado ahora le apartaré, ya la sentencia firmé, «Yo el Conde» más desdichado.
Leonor	¿Cómo el perdón no has firmado?
Conde	Dejar en esta ocasión

	la firma en blanco me obligo,
	ya que yo firmo el castigo,
	que firme Dios el perdón.
Leonor	De vuestra sentencia apelo...
Marqués	No he visto sentencia igual.
Leonor	Al superior tribunal
	de las piedades del cielo.
Conde	Pues sirvaos hoy de consuelo...
Leonor	Justicia el cielo me hará.
Conde	Que muy poco importará.
Constanza	Vencí.
Leonor	Mi esposo perdí.
Conde	Que yo le castigue aquí,
	si Dios le castiga allá.

(Vanse.)

(Sale Cardona, con grillos.)

Cardona	Hizo el Camacho cruel
	ponerme en esta prisión,
	dicen que por motilón
	del hermano Berenguel;
	de los golpes que le he dado
	se ha vengado, vive el cielo,

fuerza tiene el Camachuelo,
de un soplo me ha derribado;
pero sufran esas cosas
los que en esos pasos andan,
hoy me han dicho que me mandan
echar ducientas ventosas;
y aunque es forzoso sentirlo,
consolarme en parte quiero,
que el mal dicen que primero
apuntaba a garrotillo,
y es fuerza que ha de bajar
el humor; pero si no,
haré cuenta que soy yo
el que se azota, y andar;
Señor, aquel que se inclina
a azotar, gasta cabales
en la túnica cien reales,
cincuenta en la disciplina,
dos y medio en capirote,
cinco de abrojos después,
y de colonia otros tres
para atar en el azote;
luego busca dos menguados,
que al azotado primero
alumbran por su dinero,
y ellos son los azotados;
y luego de más a más
para que sean testigos,
busca parientes y amigos
que vayan todos detrás;
y cuando él va con trabajo
de irse las carnes abriendo,
enseñándole y diciendo
más arriba y más abajo,

               y luego «guarda el Alcaide»,
               aquí fue, por allá va;
               pero el que se azota acá
               le viene a salir de balde.

(Sale Rufina.)

Rufina   Sentenciáronle, ay de mí,
               hoy morirá el desdichado.

Cardona   Acá una mujer ha entrado
               Llorando, ¿quién llora ahí?

Rufina   Vengo con mil sentimientos
               de la sentencia que he oído.

Cardona   Ay, Camachuelo, has caído,
               que me he hecho prestar ducientos;
               mas yo se los pagaré.

Rufina   No es eso lo que te digo.

Cardona   ¿Qué es?

Rufina   Que ha habido otro testigo
               de vista, y que yo juré
               de orden del Veguer mayor,
               que en la muerte te has hallado,
               y ahora te han sentenciado
               a ahorcar.

Cardona   Mejor que mejor.

Rufina   ¿Mejor?

Cardona	En esto me fundo.
Rufina	¿Eso un hombre ha de decir?
Cardona	Hija, de haber de morir, no hay otra muerte en el mundo.
Rufina	¿Eso te consuela ahora?
Cardona	¡Que haya quien desto se asombre!
Rufina	¿No es mejor morir un hombre en su cama?
Cardona	No señora dale a uno un mal poco a poco, mas si el tabardillo empieza, le trasquilan la cabeza como si estuviera loco; luego una ayuda se aplica, está el enfermo temblando, entra el ayuda chorreando perejil de la botica, el enfermo la repara, ora quiera, ora no quiera; pero no lo consintiera si se hiciera cara a cara; y si uno se ve afligido y pide en qué despachar, lo quieren todos matar porque no la ha detenido; si la ayuda sale mala, hay luego otro sentención,

                y después como melón
                la tornan a cata y cala;
                luego dice el que irá sangrado,
                para tomar mayor nombre,
                después de dejar a un hombre
                sin jugo: «Peste he sacado»;
                entra uno, y dice: «Valor»;
                entra otro: «¿Amigo, qué sientes?»
                luego se van los parientes
                a consultar el dotor
                los jarabes, sin saber
                si conviene que los tome;
                si un pobre enfermo no come,
                le quieren todos comer;
                si come, que ya está bueno;
                si se queja, que es regalo;
                si duerme, que no está malo;
                el séptimo, el catorceno,
                y todas las agonías,
                la flaqueza del sujeto,
                la mucha sed, y, en efeto,
                después de los treinta días,
                al responso le condenan
                muy tarde y mal despachado;
                pero quien muere ahorcado
                en el aire le despenan.

Rufina   ¿En fin esa muerte tomas
                de partido?

Cardona   A esa me inclino,
                que va un hombre en un pollino
                como un senador de Roma;
                y hace un hombre caravanas

	con los ministros del Rey;
	y luego como a un virrey
	le reciben con campanas;
	y cuando esto llegue a ser,
	sacan a un hombre a pasear,
	y las damas del lugar
	todas le salen a ver;
	y, en fin, tanto se me obliga
	cuando en el pollino voy,
	que por si dudan quien soy,
	va delante quien lo diga.

Rufina ¡Que tanto se viene a holgar
quien muere ahorcado!

Cardona   ¿No es cierto,
si después de haberle muerto
se pone un rato a danzar?

Rufina (Llora.) ¡Ay! siempre lo dije yo.

Cardona ¿Qué es lo que dijiste? Di.

Rufina Que tenía el buen Cardona
cara de ahorcado.

Cardona   Es así,
desde niño fui yo hermoso.

Rufina ¡Qué será verle subir
por la escalera a lo alto

Cardona Cierto que nunca creí
subir a tan alto puesto;

	los méritos lo hacen.
Rufina	¿Y moriréis de buena gana?
Cardona	Ya la vida es toda un tris, y morir el hombre este año o el otro, todo es morir; madres, las que parís hijos, mirad cuando los parís por qué los parís, mirad por adónde los parís.
Rufina	No saques la lengua al pueblo, que harás al pueblo reír.
Cardona	No me saques tú los dientes, que eso yo lo haré por ti.
Rufina	¿Pues soy traidor?
Cardona	Di, hechicera.

(Sale el Marqués, Camacho y guardas.)

Marqués	Todos podréis desde aquí cuidar que no salte el pueblo por las tapias del jardín hoy morirá Berenguel; mas no quiere permitir el Conde que estas licencias tome el pueblo.
Guarda I	Desde aquí

	defenderemos la entrada por las tapias.
Marqués	Y advertid que deis muerte al que por ellas subir quisiere.
Guarda II	Sea así.
Marqués	Vos, Cardona, ya estáis libre.
Cardona	No hay que hablar, yo he de morir, que estoy ahora bien puesto con Dios, y puede venir tiempo en que me coja el diablo por hambre; haz esto por mí, ahórquenme esta vez siquiera.
Marqués	A estos jardines salid presto.
Cardona	Mirad que es quitarlo de la horca.
Marqués	Bien decís, acabad de iros.
Rufina	¿Y lloras?
Cardona	La santa Deigenitris te lo perdone.
Marqués	Rufina, ¿Tú qué quieres?

Rufina   Vine aquí
               a acompañar a Leonor.

Berenguel (Dentro.)   Hombre, déjame salir
               al cuarto de aquesa torre.

Rufina   Y allí quedaba; hacia allí
               viene Berenguel.

(Sale Berenguel.)

Berenguel   Hermano,
               ¿Qué es lo que quieres de mí?
               en sombra te me pareces;
               oh quién fuera tan feliz
               que te volviera la vida
               que te quité, porque así
               te volviera yo a matar,
               si volvieras a vivir.

Marqués   ¿Señor?

Berenguel   Vos, ¿qué me queréis?

Marqués   Avisarte...

Berenguel   Idos de aquí.

Marqués   Que tu padre...

Berenguel   Yo no tengo
               padre, de un monte nací.

Marqués	Bien decís, que vuestro padre no lo es ya.
Berenguel	No os entendí.
Marqués	Porque hoy ha sido juez.
Berenguel	¿Juez ha sido?
Marqués	Señor, sí.
Berenguel	¿Pues qué ha mandado?
Marqués	Que os diga...
Berenguel	¿Qué?
Marqués	Que habéis de morir.
(Vase.)	
Berenguel	¿Pues puede él quitar el reino a su príncipe? ¿A qué fin ha firmado injustamente la sentencia contra sí? Mas vénguese, muera yo, porque no pueda decir, quien supiere esta venganza, más de que no estaba en sí.
(Cantan dentro.)	Por celos y por envidia, la noche más infeliz, Berenguel mató a Ramón en las faldas del Monjuí.

Berenguel	Es verdad, yo le di muerte; ¡Lo que me alegro de oír! «¡Berenguel mató a Ramón en las faldas del Monjuí!»
(Cantan dentro.)	Vasallos, si la justicia os mueve, al cielo pedid «Que el que dio la muerte a Abel que muera como Caín».
Berenguel	Y yo le rogaré al cielo, pues todos sois contra mí, «Que el que dio la muerte a Abel, que muera como Caín».

(Sale el Conde.)

Conde	Vuestro padre, Berenguel, ahora viene a cumplir con la obligación de serio.
Berenguel	¿Pues vos no firmasteis?
Conde	Sí, contra vos firmé sentencia de muerte.
Berenguel	Pues ea, decid, ¿En qué sois mi padre?
Conde	El pueblo dice que habéis de morir.

Berenguel	¿Suspendistes la sentencia?
Conde	Antes al Consejo di orden para ejecutar la sentencia.
Berenguel	¿Como así castiga un padre a su hijo?
Conde	Donde la sentencia di era juez.
Berenguel	Pues decid, ¿dónde habéis de ser padre?
Conde	Aquí hijo, cuando os di sentencia de muerte, ya yo cumplí con la obligación de rey; ahora me falta...
Berenguel	Decid.
Conde	Ser padre; la noche ya ha empezado a descubrir por esos montes, y pues ese murado jardín tiene una puerta de hierro, por ella podéis huir de mi justicia, si os da mi piedad para salir estas dos llaves; al mar hallaréis para embarcaros prevenido un bergantín;

que yo, para que las guardas
no os sientan, vuelvo a fingir
que estoy hablando con vos
en este cuarto; salid
de aqueste riesgo; Constanza
se entró en la torre tras mí;
el pueblo, banderizado,
pide vuestra muerte; huid,
si vuestra vida y la mía
estimáis, para que así,
perdonando y castigando
a un tiempo, pueda decir
que si allí obré como rey,
obro como padre aquí.

(Tocan cajas.)

Berenguel En fin, ¿el pueblo desea
que me deis muerte?

Conde ¿No oís
las cajas y las trompetas,
con que en herrado motín
es soldado cada uno,
y cada uno adalid?

Berenguel ¿Y decís que en ese cuarto
habéis de entrar, porque así
las guardas puedan pensar
que me estáis hablando?

Conde Sí.

(Dale las llaves.)

Berenguel	Pues dadme las llaves.
Conde	Estas son las llaves.
Berenguel	Pueblo vil, pues que deseas mi muerte, yo me vengaré de ti.
Conde	Ea, ¿no pedís perdón?
Berenguel	Yo ¿de qué le he de pedir?
Conde	¿Y no me abrazáis?
Berenguel	Pues tú, dime, ¿qué has hecho por mí?
Conde	Darte la vida.
Berenguel	La vida, si me la das, es a fin de no quedarte sin hijo. ¿Pues por qué me has de pedir que yo por mí te agradezca lo que no haces por mí? Y plegue a los cielos...
Conde	Calla, ingrato.
Berenguel	Que si el salir desta prisión ha de ser

	para vengarme de ti...
Músicos (Dentro.)	Que el que dio la muerte a Abel, que muera como Caín.
Conde	¿Hijo?
Berenguel	No me llames hijo.
Conde	Mira que pueden salir las guardas, y contarán en la ciudad que yo fui el que te dio libertad.
Berenguel	Voime.
Conde	Dos hijos perdí.
Berenguel	Cielos si ahora me vengáis, cielos, si ahora no acudís con vuestra piedad al ruego, yo dichoso...
Conde	Yo infeliz.
(Vase.)	
Berenguel	¿Qué me persigues, hermano? ¿Qué quiere el cielo de mí? Desde esa media región hecho del vapor sutil como sabe que soy risco, me quiere el rayo embestir; iréme por otra puerta.

(Va a salir turbado, como mirando al cielo, y tropieza en las armas.)

(Sale el Conde.)

Conde   Desde aquí quiero fingir
                 que hablo con Berenguel,
                 mientras huye el infeliz.

(Tropezando.)

Berenguel   Hasta la puerta de hierro
                 deste murado jardín,
                 las centinelas hicieron
                 fuegos del alto Monjuí
                 si no ha sido que hasta ahora
                 dura aquel que yo encendí;
                 el relámpago y el trueno,
                 uno y otro son allí
                 sobresalto para el ver,
                 y susto para el oír;
                 ¿Si acertaré con la puerta?

Conde   Berenguel, tú has de morir.

Berenguel   ¿Ha de morir Berenguel?

Conde   El cielo lo quiere así.

Berenguel   Pues no ha de querer el cielo,
                 que contra él iré a decir,
                 si no me quita la voz...

(Hace que quiere hablar, y enmudece.)

Guarda I Guardas del Duque, salid,
que han escalado las tapias,
y han entrado en el jardín
los populares.

(Salen dos guardas con arcabuces.)

               Entre estas
          llamas el ruido sentí.

Guarda II Advertid que puede ser
Berenguel.

Guarda I   Ahora oí
          que el Conde con él hablaba.

Guarda II Pues disparad.

(Dispara la Guarda adonde está Berenguel, y cae en el tablado.)

Berenguel   ¡Ay de mí!

Conde   Hola, ¿dónde habéis tirado?

Guarda II Yo disparé donde vi
un bulto que por las hiedras
iba saltando al jardín,
y así lo tengo por orden.

(Salen el Marqués, Leonor, Constanza y todos.)

Marqués   Venid todos hacia aquí.

Conde	Que hacia aquí se ve el estruendo.
Leonor	Válgame el cielo, ¿qué vi?
Conde	Cielos, ¿qué es esto que miro?
Marqués	¿Quién le dio muerte?
Leonor	¡Ay de mí!
Soldado	Yo le di muerte por yerro, yo soy el que se la di.
Conde	Yo le vine a dar la vida, no quiso el cielo, y así el que dio la muerte a Abel ha muerto como Caín y este caso verdadero tendrá más felice fin si don Francisco de Rojas perdón llega a conseguir.

Fin de la comedia

Libros a la carta

A la carta es un servicio especializado para
empresas,
librerías,
bibliotecas,
editoriales
y centros de enseñanza;
y permite confeccionar libros que, por su formato y concepción, sirven a los propósitos más específicos de estas instituciones.
Las empresas nos encargan ediciones personalizadas para marketing editorial o para regalos institucionales. Y los interesados solicitan, a título personal, ediciones antiguas, o no disponibles en el mercado; y las acompañan con notas y comentarios críticos.
Las ediciones tienen como apoyo un libro de estilo con todo tipo de referencias sobre los criterios de tratamiento tipográfico aplicados a nuestros libros que puede ser consultado en Linkgua-ediciones.com.
Linkgua edita por encargo diferentes versiones de una misma obra con distintos tratamientos ortotipográficos (actualizaciones de carácter divulgativo de un clásico, o versiones estrictamente fieles a la edición original de referencia).
Este servicio de ediciones a la carta le permitirá, si usted se dedica a la enseñanza, tener una forma de hacer pública su interpretación de un texto y, sobre una versión digitalizada «base», usted podrá introducir interpretaciones del texto fuente. Es un tópico que los profesores denuncien en clase los desmanes de una edición, o vayan comentando errores de interpretación de un texto y esta es una solución útil a esa necesidad del mundo académico.
Asimismo publicamos de manera sistemática, en un mismo catálogo, tesis doctorales y actas de congresos académicos, que son distribuidas a través de nuestra Web.
El servicio de «Libros a la carta» funciona de dos formas.
1. Tenemos un fondo de libros digitalizados que usted puede personalizar en tiradas de al menos cinco ejemplares. Estas personalizaciones pueden ser de todo tipo: añadir notas de clase para uso de un grupo de estudiantes, introducir logos corporativos para uso con fines de marketing empresarial, etc. etc.

2. Buscamos libros descatalogados de otras editoriales y los reeditamos en tiradas cortas a petición de un cliente.

www.ingramcontent.com/pod-product-compliance
Lightning Source LLC
LaVergne TN
LVHW041335080426
835512LV00006B/473